얼굴무늬

김미옥 수필집

얼굴무늬

김미옥 수필집

도서출판 디자인21

작가의 말

살면서 좋은 일만 있다면 수필이란 문학이 존재할까 싶습니다.

수필은 힘들고 어려운 상황을 이겨낼 수 있도록 마음을 다독이며 삶의 친구처럼 제게 다가왔습니다.

되돌아보면 스스로에게 아내나 엄마로서 좋은 점수를 줄 수 없습니다. 그저 모든 게 아쉽고 미안한 마음만 남아 있습니다. 오히려 가족을 통해 수필을 접할 수 있게 되었으니 저는 삶에서 큰 선물을 받은 셈입니다.

우연한 기회에 수필을 시작해서 여러 해가 지나고 있습니다. 지금도 수필에 대한 배움의 갈망과 글을 완성하기 위한 고뇌의 시간이 계속되고 있습니다. 과정을 지나오면서 수필을 그만둘까 생각하던 참에 뜻하지 않은 귀한 상을 받고 놀라움으로 그 자리에 주저앉아 울었던 기억이 또렷합니다. 첫 수필집의 제목을 『얼굴무늬』로 올린 이유입니다. 오롯이 혼자 고민하고 온갖 감정을 쏟아가며 완성한 작품을 바라보노라면 어설픈 제 모습을 그대로 닮았습니다. 부족하나마 그동안 작품들을 내보이며 이제 앞으로 나가렵니다.

본 수필집은 4장으로 구성하여, 1장 사고思考와 사고事故, 2장 얼굴무늬, 3장 붉은 숨결, 4장 상실의 틈으로 이야기를 엮었습니다. 나와 가족, 직장 등 일상에서 맞닿는 수많은 사건 사고가 글이 되면서 살아가는 모든 게 이야기가 되어 녹아 있습니다.

수필이라고 엮은 저의 어설픈 언어는 어쩌면 제 삶과 그대로 닮아 있는지 모르겠습니다. 그럼에도 이제 주저하지 않습니다. 남과 비교하며 아파하지도 않습니다. 수많은 언어가 사람마다 담고 있는 의미가 다르듯 내 글에 대한 부끄러움도 제 몫이기에 괜찮습니다.

첫 수필집을 내겠다는 마음을 굽히지 않게 격려해 준 가족에게 깊이 감사드립니다. 행복한 마음으로 글쓰기를 이어가고자 합니다. 사랑과 신뢰로 삶을 함께 공유하는 남편 정영배 박사에게 첫 수필집을 바칩니다.

2023년 7월 25일

금계 김 미 옥

차례

사고思考와 사고事故 / 9

얼굴무늬 / 59

붉은 숨결 / 111

상실의 틈 / 159

사고思考와
사고事故

사고思考와 사고事故

생각이 쓰다. 소태맛이 배인 머릿속 사고思考의 흐름이 막혔다. 그 굴레에서 벗어나려고 몸을 움직이며 여기저기 방향을 틀지만 무의식의 뇌 공간은 기어코 정면을 마주 보게 한다. 복잡한 생각이 머릿속에서 끝없이 소용돌이치면서 두통으로 이어질 때 즈음 절묘한 경험과 맞닥뜨렸다.

순식간이었다. '철퍼덕' 소리와 함께 몸이 무너졌다. 매일 걸어 다니던 길에서 발목이 접질리면서 넘어진 것이다. 순식간에 온몸이 공중을 뜨더니 이내 땅바닥에 자빠졌다. 무릎을 움켜쥐고 일어서려는데 신경을 찌르는 통증이 빠르게 번진다. 생살이 시멘트 바닥에 긁히면서 찢어진 살갗 위로 피가 퍼지는데 너덜거리는 피부 아래 세포가 사정없이 요동친다.

사고事故다. 스타킹이 긁혀 구멍 난 상태는 처참하다. 곤혹스러운 상황은 상처로 벗겨진 핏자국이 선명하게 알려주고 있다.

통증으로 바로 일어서지도 못하고 엉거주춤하는데 정신만큼은 또렷하다. 이 자리를 벗어나려고 겨우 한 발을 내딛는 순간 입에서 절로 아픔이 새어 나온다. 걸음걸이는 선반 까치발이 찢어져 균형을 잃은 모양새다. 느린 걸음에도 아픔은 전신으로 더 강하게 옮아가는데, 돌부리에 걸리기 전까지 계속되었던 복잡한 생각은 어디론가 사라지고 없다. 정신과 몸이 충돌하면서 두통은 튕겨 나가고 그 흔적이 핏물로 흘러내리는 중이다.

생각의 흐름에 물꼬를 튼 기분이다. 며칠 동안 나를 괴롭히던 고민은 시멘트 바닥에 온몸을 내동댕이치고 나서야 마음이 땅을 밟는 심정이다. 무언가 한 가지 문제에 마음이 꽉 맺혀 있으면 거기서 떠나지 못한다던 옛 가르침이 떠오른다. 맺힌 것을 풀지 못하고 뻣뻣하게 일상이 돌아가니 황당무계하지만, 육신에 상처 내고 빨간 피를 토해내고서야 연결 고리를 끊는다. 잠시 걸음을 멈춘다. 상처를 바라보니 찢어진 피부가 너덜거린다. 핏물이 살갗의 주름을 따라 점점 더 넓게 번지는데 일련의 따끔한 기억이 얹힌다.

이른 아침에 긴 문자를 받았다. 다가올 행사 일정에 대한 뜬금없는 반박의 문자다. 모든 준비가 마무리되는 시점에서 협의가 완료된 사항이 못마땅하다는 내용이다. 앞뒤 정황에서 정작 회의 자리에 참석하지 못한 본인의 생각만 나열하고 있다. 바쁜 시간에 굳이 부정적인 내용을 이토록 길게 문자로 보내야 했는지 마음이 구겨졌다. 그렇다고 본성이 앞서 일을 그르치거나 난감해질 상황을 만들 수도 없다. 책임감 있게 행사를 이끌어야 하는 입장에서는 어떻게든 함께 꾸려나갈 지혜를 궁리해야 한다.

여럿이 일을 하게 되면 뜻하지 않은 의견에 조심스러워질 때가 있다. 틀린 것이 아니라 서로 다르기 때문에 발생하는 문제라는 것을 알지만, 유독 엇길을 주장하는 목소리가 커지면 다수가 물러나기도 한다. 비록 수차례의 회의와 경험을 바탕으로 한 제안에 대다수가 찬성했어도 사사건건 반문을 제시하는 경우는 난감하기만 하다. 이럴 때면 혹여 내가 스스로 까치발을 들고 잘난 점을 드러내 보이고자 한 게 있는지 되짚어 보기도 하고, 조건 없이 맡은 일에 의도치 않은 해석이 붙었는지 점검하기도 한다. 종종 스쳐 지나쳐도 될 것을 머릿속에 담아 두려니 나도 어리석기는 매한가지다.

일상을 시작하면서도 날카로운 생각이 마음을 쑤시는 듯 아프다. 차근차근 그간의 경과보고와 함께 일정을 전달하고 이해를 요구했지만, 이상하게도 이해하기 힘든 답변이 꼬리를 물고 이어졌다. 모든 게 무색한 변명으로 텁텁하게 들리기만 한다. 나는 원치 않는 복잡한 상황에 휘말린 듯 온종일 그 생각들이 떠올랐다가 가라앉고 다시 솟구치기를 반복했다. 생각에 깊이가 더해질수록 머릿속은 어지럽게 헝클어져 미로 속을 헤매는 심정이다. 상처를 헤집고 들어가는 기분으로 그간의 상황을 하나하나 떠올리려 애쓴다.

살다 보면 돌부리에 걸릴 때가 있다. 고르지 않은 길을 갈 때의 마음은 불안하고 막막하기만 하다. 삶도 그렇다. 가정이나 직장 어디서건 거친 걸림돌을 만나 좌절하고 다시 일어서기까지의 고통은 길게만 느껴진다. 지독하게 길다고 느꼈던 순간이 지나고서야 일상의 흔한 일들을 새롭게 보기 시작한다. 미처 깨닫지 못했던 소소한 하루 일과라든가 늘 나와 함께하는 이에 대한 소중함이 그렇다. 마치 새 숨이 트이는 것처럼 말이다.

생각을 정돈해야 한다. 막혀있는 마음을 트고 진심으로 다가가야 한다. 예부터 예의 바르고 겸손한 태도로 사람을 대하는 것이 날카로운 무기를 가지고 있는 것보다 효과적이라고 하지 않았던가. 평등과 안정을 추구하는 일에서 가득 차면 손해가 생기고 겸손하면 이익이 생기기 마련이라고 했거늘. 과연 내가 움켜쥐고 있던 것은 무엇이었는지 곰곰이 생각한다. 불현듯 현 상황을 다시 한번 더 솔직하게 말해보자는 결론에 이른다. 바로 휴대폰을 열어 지금의 심정을 그대로 전했다.

기이한 일이다. 넘어지고 나서 사흘이 흘렀다. 피는 멈추고 긁힌 피부 자국 결대로 피딱지가 앉았다. 아물어가는 과정이다. 굳은 표면은 상처 입은 피부를 외부 이물질로부터 보호하려는 자생적인 노력이 두텁다. 상처가 굳는 동안 복잡하게 엉킨 생각들을 되새기게 된다. 모든 건 그저 스쳐 지나는 한 점의 기억에 불과하다는 것도 알게 한다. 시간이 흐르면서 풀리지 않던 문제들은 생각지 못했거나 의도하지 않았던 일로 술술 풀리기도 한다. 복잡했던 생각은 솔직한 마음을 상대방에게 전달하고 나서 드디어 소통의 길이 열리고 서로 순리에 따르자는 쪽으로 의견을 맞춘다.

닷새가 흘렀다. 나는 그 길에 다시 섰다. 무슨 일이든 아무리 낙관적이라 할지라도 그 어떤 예측도 해서는 안 되는 것을 이제 안다. 생각의 길은 여러 갈래로 나뉘는 법이라서 나의 생각이 상대방 입장에서 바라보면 해석이 달라질 수 있다. 상처는 시간이 지나면 아물지만, 기억에 남은 통증은 언제든 기회를 엿보며 나를 괴롭힌다. 고통도 삶의 일부라고 여기면 생각의 길을 다시 정돈하고 모든 것을 찬찬히 바라보게 된다.

아프면 다른 생각이 사라진다. 고통 속에서 자잘한 일상의 고민은 어디론가 날아가 버린 기분이다. 육신의 통증이 혼란한 마음을 증발시킨 걸까. 아니면 넘어지면서 속에 있던 찌꺼기가 쏟아져 나온 걸까. 시커먼 속이 순식간에 지워지고 마음에 새로운 씨앗을 살리는 기분과 흡사하다. 복잡하다고만 생각했던 문제를 하나하나 짚으면 다른 사람 생각이 보이고 고집부리는 나를 비켜 가기 시작한다.

무릎에 굳은 딱지가 만져진다. 살랑살랑 가장자리가 굳어져 떨어지려는데 지금 뜯어내면 또 빨간 새살이 따끔하게 나를 바라볼 것이다. 상처가 전부 아물어 자연스럽게 떨어져 나가도록 기다려야 한다. 살다 보면 무엇이든 뒤따르는 의미가 나를 깨우치게 한다. 사고思考의 연속, 그 속에 이어지는 사고事故로 깨닫는 삶. 삶은 상처를 내고 새 살이 돋아나는 일련의 과정을 닮았다니 참 기이한 일이다.

닫힌 문

더는 참을 수가 없었다. 허공을 향한 괴성이 얼굴을 벌겋게 달구며 숨이 끊어질 듯 속앓이를 토해냈다. 아무런 답도 없이 휑하게 돌아선 딸의 뒷모습에 던진 말은 무게를 더해 다시 내게로 되돌아와 심장을 쳤다.

생각의 길이 어긋날 때면 달리기 선상에서 출발 신호를 기다리던 초조함이 떠오른다. 깃발이 올라가고 몇 발자국 내딛기도 전에 헛발질을 하며 흙바닥에 철퍼덕 넘어지는 기이한 상황이 종종 머릿속을 스친다. 마음은 길을 따라 달리는데 몸은 어긋난 꼴이다. 어쩌다 일상은 자신을 믿고 의기양양하게 달리지만 내 맘 같지 않은 상황과 맞닥뜨릴 때가 있다.

문이 닫혔다. 딸은 달리기 시작을 알리는 깃발처럼 세차게 바람을 가르며 나를 스쳐 지났다. 그렇게 외면하는 모습을 지켜보다가 속을 참지 못하고 출발의 총성보다 더 날카로운 소리를 아이에게 쏘았다. 어이없게도 매번 전달되지도 못하는 언어는 문 앞에서 꼬꾸라졌고 그때마다 딸은 내가 뱉은 말보다 더 세차게 '쿵' 문을 닫으며 사라졌다.

그야말로 매일 달리기를 하는 심정이다. 언제부터인지 딸의 사춘기는 고비마다 굴곡을 보였다. 하나의 장애물을 넘으면 또 다른 걸림돌이 딸의 마음을 흔들었다. 친구이기도 하다가 성적이기도 하다가 대상과 상황을 바꿔가며 이어달리기를 펼쳤다. 어느 순간 내가 알 수 없는 세계 속에서 침묵하는가 싶다가 이내 나를 외면하기 일쑤다. 학교를 다녀와서 자신의 이야기를 풀어내는 일도 없으며 무언가 특별히 요구하는 것도 없다. 그저 침묵하며 알쏭달쏭한 표정과 행동으로 혼자만의 시간을 이어간다. 하루 중 식탁에서 만나는 일이 유일하지만 잠시 말을 붙이려면 수저를 놓고 일어선다. 그런 모습을 바라볼 때마다 바쁘다는 핑계로 지나온 자신을 자책하게 된다.

직장을 다니는 엄마는 아이의 곤란한 상황과 마주할 때면 숨이 턱밑까지 차오른다. 어느 날 아이는 운동장에서 발목을 접질리면서 통증에 시달렸다. 재빠르게 조치를 취한다고 했어도 아이가 느끼는 통증이 허리와 어깨, 목 언저리까지 번지면서 점점 말문을 닫기 시작했다. 그 즈음 나는 바쁜 업무로 아이와 눈을 마주칠 시간이 적었다. 그저 평소처럼 자신의 일을 척척 알아서 잘한다고 믿고 있었지만 상황은 내 생각과 다르게 흘렀다.

딸은 몸으로 느끼는 아픔의 깊이를 이해하지 못한다고 소리쳤다. 그렇게 속내를 하소연하다가도 때론 엄마 입장을 이해한다고 어른스런 태도를 보이며 고비를 넘어가는가 싶었다.

달리는 길에서는 뒷걸음치지 않는다. 장애물이 있으면 비켜가고 설령 웅덩이에 빠졌더라도 다시 일어나서 달린다. 비바람을 맞기도 하고 흙먼지에 찌들고 무더위에 땀범벅이 되어도 견디며 나간다. 자기만의 방식으로 삶의 과정을 통과하며 지나간다. 지금 딸은 가던 길에서 멈춰 방향을 찾지 못하고 있는 듯 보인다. 가족이 함께 하지만 각자의 길을 달리며 곁을 쳐다볼 여유가 없었던 탓일까 홀로 외로운 순간을 참고 견디다가 터져버린 상황에서 기어코 아이의 마음은 닫혔다. 달리기는 끝나지 않았는데 멈춰 웅크린 자세로 심호흡만 내뱉고 있는 모양이다. 그 모습은 마치 끝나지 않은 마라톤에 지친 형상과 흡사하다.

엄마는 시집와서 할머니와 통하는 창을 만드는 법을 몰랐다. 아들 사랑이 지극했던 할머니에게 며느리는 그저 모든 게 부족한 존재였다. 엄마는 모자란 살림을 알뜰하게 일구어 집을 넓히고 손자 손녀를 늘리면서도 할머니의 문을 쉬이 두드리지 못했다. 그저 둘은 서로 닫힌 문 사이에서 각자 혼잣말을 뱉었다. 어쩌다 말이 뒤섞일 때면 매번 요란하게 부딪치며 발 아래로 떨어졌다. 그저 머물러 있을 것만 같았던 그 시간도 세월을 따라 지나갔다. 어느새 시간은 흘러 누가 먼저랄 것도 없이 자연스레 서로의 문을 열고 여생을 함께 했던 시절이 떠오른다. 나 역시 별반 다르지 않았다. 엄마는 내 마음을 모른다며 혼자만의 생각에 사로잡혀 문을 닫고 감정을 쏟았던 시기가 있었다. 그때마다 엄마는 조용히 기다렸다. 문지방 너머 내 울림이 잠잠해질 때까지 기다리고 또 기다렸다.

사춘기 마음 읽는 법을 살핀다. 책을 뒤지고 조언을 구할만한 사람을 찾는다. 예상치 못한 상황에 아이가 화를 내거나 부모를 밀쳐내는 경우 어떻게 다가가야 할지 모른다는 수많은 사연을 만난다. 교사가 사춘기 학생들을 접하면서 느끼는 갖가지 사례를 읽으며 나의 상황을 바라본다. 어이없는 건 나 역시 학생을 가르치는 직업을 가진 사람이 아닌가. 내가 알고 있는 이론은 도대체 어디에 적용해야 아이의 방문이 열리는 건지 엄마의 마음을 떠올리며 나 또한 기다림을 이어간다. 성급하게 다가가거나 어른의 심정으로 결론짓지 않으려고 매일 문고리를 잡고 오열한다.

지나온 시간은 그냥 흐른 게 아니다. 나이 든 몸을 잊고 마음만 앞서 달리는 심정은 공중에 헛발질을 하며 움직이는 아슬아슬한 곡예처럼 느껴질 때가 있다. 넘어지려 하다가도 호흡을 조절하며 속도를 늦추고서야 겨우 제자리 땅을 밟고 달리게 된다. 어른이 되어서도 누구든 출발 앞에 선 마음은 아이와 같으리라. 자기 삶의 주파수를 맞추기 위해 갖은 노력과 방법을 찾아 헤매며 넘어지고 나서야 깨닫게 된다.

문 앞에서 서성이다가 겨우 말문을 연다. 침묵을 가로막고 서 있는 문이 멀뚱멀뚱 나를 바라본다. 무언가 답을 기대한 건 아니지만 나에게 등 돌린 문이 야속하기만 하다. 지나온 시간 속에 흔들리지 않은 사람이 어디 있으랴. 엄마가 그랬고 내가 그랬고 또 딸이 이 시간에 흔들리며 지나가고 있다. 무수히 많은 출발선을 밟고 여러 문을 지나 이렇게 살아가고 있다는 생각에 이른다. 문득 지금까지 달려온 아이의 마음에 나는 과연 어떤 모습으로 함께 했었는지 되돌아본다. 지금이라도 딸에게 맞는 창을 열어 세상과 호흡할 수 있도록 곁에 함께하고 싶다. 나는 다시 문을 두드린다.

차茶 한 잔

남편의 재임용 심사 기한이 연기되었다. 올 초부터 시작되었던 근심이 한층 더 깊어진 것을 짐작한다. 말을 건네면 안면이 경직되고 눈빛이 날카롭다. 그는 무표정한 얼굴로 시선을 고정한 채 소파에 앉아 있다. 모두가 여름휴가를 떠나는 시기에 우리 집은 무더위 대신 냉랭한 기운이 집안에 번지고 있다.

차茶를 우려낸 따뜻한 온기가 찻잔을 데운다. 풀리지 않는 문제가 그를 괴롭힐 때마다 나는 정성껏 차를 내어 그의 마음을 살핀다. 오늘도 찻잔을 들고 그의 곁으로 가는데 걱정에 눌린 모습을 바라보는 것만으로도 코끝이 찡해온다. 평소 같으면 옆에 앉아서 재미난 이야기로 분위기를 바꿔보려고 애를 썼을 텐데, 오늘은 조용히 소파 위에 잔을 내려놓고 식탁으로 돌아와 앉았다.

그의 뒷모습을 바라본다. 살집 없는 체구에 흰머리가 듬성듬성하다. 24년을 함께 하며 기분 좋은 일도 있었지만, 차를 내어야 할 일이 더 많았다. 처음에는 고민의 크기만큼 목청도 커지고 남편의 쨍한 말 한마디에 이내 울먹이던 나였다. 언제나 참고 희생하는 것이 억울하다는 생각으로 분을 이기지 못한 적도 여러 번이었다. 뜨거운 기운이 서로 부딪치다가 긁힌 상처는 수시로 날을 세워 나를 차갑게 내몰기 일쑤였다. 그때마다 냉담한 이야기의 끝은 따뜻한 차 한 잔으로 매번 다음을 기약하며 가라앉았다.

오늘 그의 어깨는 유독 힘이 없다. 굳은 표정으로 보아 상황의 심각성을 짐작할 뿐이다. 잘 다니던 회사를 관두고 학교로 자리를 옮긴 후부터 사회 여러 변화와 맞물려 심적 고충이 큰 눈치다. 자신의 자리에서 뚜벅뚜벅 열심히 일하지만 환경과 맞서는 가장의 어깨는 무겁기만 하다. 지금껏 그와 함께 하면서 차의 뜨거운 열기를 식혀야 마실 수 있듯이 기다림을 배운다. 무심코 급한 맘에 서둘러 마신 차로 입안을 덴 적이 있다. 그 기억은 마음에 꽉 찬 고민의 열기도 식힌 후 쓰다듬어야 흉터지지 않는다는 것을 알게 했다. 오랜 시간 그와 함께하며 온기를 유지하는 법을 익힌 터라 나는 조용히 지켜볼 따름이다.

동그랗게 입을 모아 차의 열기를 불어본다. 뜨거운 김이 눈앞에서 번지다가 사라지고 다시 위로 옮아가기를 반복한다. 얼굴을 감싸는 수증기 너머로 아스라이 지난 시간이 떠오른다. 남편은 일찍 어머니를 여의고 수많은 고난 속에서도 꿋꿋하게 진로를 이어가며 혼자 힘으로 공부했다. 그에게 배고픈 시간은 길었다. 삶은 늘 냉정하게 현실을 바라보게 하고, 기를 쓰고 공복을 채우는 과정의 끝에 장학금이 안겼다. 그야말로 겨우 호흡할 수 있을 만큼의 온기만으로 다음을 이어갔다. 일하고 공부하며 한 고비를 넘기고 또 다음을 도전하는 그는 늘 무언가에 허기진 사람처럼 끊임없이 내일을 이어갔다. 그 즈음 나는 그를 만났다. 삶을 대하는 진지한 자세와 열정적인 모습에 반해 결혼을 하면서 서로 온기를 찾아가기 시작했다.

모든 게 순조롭게 흐르는 듯 보였다. 남편이 직장 생활을 잘하고 있다고 생각했지만 정작 그의 허기는 채워지지 않았던 모양이다. 그가 직장을 옮기면서 따뜻한 기운을 되찾을 즈음, 나는 첫째 아이를 친정에 맡기고 시간제로 일하면서 직장을 갖기 위해 바쁜 나날이었다. 그 와중에 둘째가 태어나고 나의 미래는 점점 더 멀어질까 두려웠다. 그때부터였을까. 작은 일에도 얼굴에 짜증을 올리며 웃음이 사라져 갔다. 바쁘게 움직이는 그를 오해하기 일쑤였다. 어쩌다 마음이 평온해지면 혼자서 아내와 엄마, 직장인으로서의 역할을 생색내고 싶은 속마음이 비집고 올라왔다.

가슴이 갑갑해질 때면 집안의 냉기를 거두는 법을 익혀갔다. 그가 나에게 따뜻한 차를 내밀기도 했지만, 반대인 경우가 더욱 많았다. 돌이켜 보면 바쁘게 움직였던 시간 속에 그는 늘 내 미래의 버팀목이었다. 돌이 안 된 아이를 업고 일을 하러 갈 때도 친정 부모님께 아이를 맡기고 경력을 쌓으러 먼 길을 떠날 때도 주저 없이 나를 응원해 주었다. 계속되는 도전에 실패를 거듭할 때면 그는 조용히 차를 건네며 나를 위로하지 않았던가. 그가 함께 해 준 기다림의 끝에 나는 원하던 미래를 품었다. 그런데 정작 지금 힘들어하는 남편 곁에서 내가 해 줄 수 있는 것은 무엇일까.

찻잔을 입으로 가져가는 그를 따라 나도 한 모금 마신다. 차를 음미하며 속내를 다스리는 마음은 늘 고달픈 지난 시절과 이어져 지금 일어서야 하는 분명한 이유가 되고 있다. 처음 뜨겁게 우려낸 차의 열기가 식으면 다시 뜨거운 물로 채워 온기를 이어가야 하듯이 고비마다 가족을 따뜻하게 감싸준 그의 수고가 고맙다. 말하지 않아도 염려하는 속내와 깊이를 짐작할 만큼 우리는 충분한 시간을 함께하고 있다.

차 한 잔으로 어느새 남편과 아이들 생각으로 가득하다. 삶은 언제나 목표를 이루고 나면 또 다른 도전이 심장을 뛰게 한다. 결혼으로 사랑은 완성되었다고 생각했지만 그건 사랑의 시작이었다. 대학에서 학위를 취득하면 취업은 쉽게 된다고 믿었지만 끝없는 노력과 인내의 과정은 계속되었다. 취업만 되면 그 다음은 모든 게 순탄하리라 여겼지만, 환경의 변화 속에서 심각한 고민거리는 계속 이어진다.

'내 마음을 아는지 모르는지…'. 차 한 잔은 금세 내 속에 온기를 채우고 잔을 비운다. 찻잔 아래로 수없이 쏟아낸 속내와 절절한 심정이 마지막 얼룩으로 남아 나를 바라본다. 모든 게 비워진 그 모습을 바라보며 막막한 내일을 잠시 내려놓고 생각을 가다듬는다. 식은 찻잔이 흡사 집안 분위기와 비슷하다. 차를 마시려고 빈 잔을 채우고 어느새 식은 기운을 다시 데우려는 순간, 반복되는 삶이 떠오르는 건 우연일까.

설화雪花

구름이 산허리를 휘감는다. 조금 전까지 눈부시게 빛나던 햇살이 순식간에 자취를 감춘다. 지리산 끝자락까지 밀려온 회색하늘이 흙빛으로 변하더니 어느새 구름더미가 안개 속으로 사라진다. 사방이 희뿌옇다.

시아버지의 기일을 맞아 오랜만에 지리산을 찾았다. 한겨울인데도 도로 가장자리에 핀 들꽃이 바람에 하늘거린다. 심지어 지난 밤 눈 내린 흔적을 고스란히 담은 채 고운 자태를 드러내고 있다. 바라보기만 해도 얼마나 신기하고 아름다운지! 나는 종종 꽃의 아름다움은 세상의 온갖 변화를 받아들이고 이겨낸 빛과 같다고 생각한다. 하물며 이렇게 자연 속에 피어난 눈꽃이야말로 일상의 우여곡절을 담은 삶과 그대로 닮았다.

지리산 자락에서 거친 숨소리가 비명으로 번졌다. 움막에서 산통으로 온몸을 뒤트는 여인네의 신음 소리가 심상치 않았다.

다급한 숨으로 온 몸에서 분비물을 쏟아내며 삶의 밧줄을 부여잡고 안간힘을 썼지만 끝내 돌아오지 못할 산을 넘고야 말았다. 시어머니가 막내 도련님을 출산하다 돌아가신 후, 시아버지는 갓난아이를 끌어안고 젖동냥을 하며 자식을 키웠다. 죽음보다 더한 외로움의 고통 속에서 기나긴 시간을 이끌며 한 평생 떠나간 시어머니의 잔상을 놓지 못하고 세월을 이어갔다.

산소 주위로 둘러쳐진 나뭇가지에 꽃이 핀 것처럼 눈이 얹혔다. 눈꽃은 모진 풍파에 흔들렸을 시아버지를 떠오르게 한다. 아내를 잃고 한 평생 홀로 사신 외로움을 눈으로 한 켜씩 쌓아 올린 것처럼 보인다. 시아버지는 혼자되신 후, 돈벌이를 위해 전국으로 발걸음을 옮겼지만 하는 일마다 실패의 연속이었다. 자식들은 할아버지와 할머니, 삼촌에게 제각각 맡겨졌고 모든 것은 아내가 없는 탓으로 돌려져 생활은 고달팠다. 시아버지는 풍랑을 만날 때마다 쓰러졌다가 다시 일어서고 또 흔들리기를 반복하며 삶을 버티었다. 혼자 있는 시간이면 그저 먼 산을 바라보며 꾹 다문 입술로 하루를 견디었다. 그 모든 근심 걱정이 눈이 되어 쌓아 올린 듯 느껴진다.

산중턱에 바람이 분다. 남편은 말없이 산소를 다듬고 가장자리를 둘러싼 키 높은 나무를 올려다본다. 어느새 나무 사이로 스며든 햇살이 따사롭기만 하다. 묵묵히 산소를 매만지던 남편이 그 앞에 앉았다. 홀로 사십여 년을 지내시다가 이생을 떠나 다시 만난 두 분이다. 남편은 “아버지, 어머니 곁에 계시니 좋습니까?”라고 혼잣말을 뱉는다. 나무 아래로 고운 색을 입은 야생화가 살랑살랑 몸을 흔든다. 그러자 갑자기 나뭇가지의 흔들림이 커지면서 후드득 눈이 녹으며 떨어진다.

돌이켜 보면 나와 남편도 처음에는 활짝 핀 꽃이었지만 시간이 지나면서 두텁게 쌓인 눈 때문에 힘겨웠다. 주말부부로 생활한 지 수년째 계속이었고 언제나 참아 준다고 생각한 쪽은 나였다. 남편의 냉정한 말투와 매서운 눈빛이 나를 무시한다고 생각하며 울퉁불퉁한 감정을 달래는 일이 일상이 되어 버렸다. 사는 게 뭐라고 웃음기가 하나씩 지워져 가고 표현하지 않는 그를 오해하기 일쑤였다. 서로가 가진 결핍을 마음에 켜켜이 쌓기만 하고 그 눈을 녹이는 방법을 그때는 전혀 몰랐다. 그저 한여름에도 냉랭한 기운이 넘쳐 눈 쌓인 듯했다.

생각이 깊어지자 외로움에는 계절이 없다던 말이 스친다. 지난 시절, 우리 부부는 봄이면 서로의 마음을 맞추느라 엇박자 속에 요란했지만, 꽃을 피우기 위해 견뎌야만 하는 고독이 함께했다. 여름이면 뜨거운 태양 아래 자연과 어우러져 웃음꽃이 피었지만, 더위에 대한 투정이 온몸에 베였다. 가을이면 사방이 아름다운 나무들로 감싸고 서로를 위해 즐거움을 선사했지만, 정작 등을 쓰다듬는 고개 너머 홀로 눈물을 흘리는 날도 있었다. 그렇게 세심하게 속을 들여다보면 겨울이라고 더 외롭지도 않았다. 생각이 그렇게 뻗치자 나는 산소 앞에 있는 남편 곁에 앉았다.

나뭇가지에 세상 모든 고민이 눈이 되어 얹힌다. 자식 먹여 살려야 하는 어려움, 혼자 겪는 일상의 외로움, 뜻대로 되지 않는 일들, 부모 형제에게 부족함만 보이는 것 같아 슬픈 현실, 이쪽으로 가 보고 저쪽으로 가도 별반 다를 거 없는 제자리 생활. 그 모든 것은 눈이 되어 쌓이고 또 쌓인다. 시아버지의 마지막은 병마에 휩싸여 이겨 내려고 안간힘을 써도 별 차도가 없었다. 몸은 생각과 다르게 점점 굳어지면서 전혀 힘을 내지 못했다. 시간은 흘러 켜켜이 쌓인 고통의 무게를 감당하지 못하고 한 많은 인생이 눈에 덮여 무너졌다.

구름이 걷힌다. 흔들리며 울부짖는 마음을 아는지 모르는지 울음의 끝은 멀리 산을 넘으며 구름 위로 건너간다. 어쩌면 삶이란 지나고 보면 자신만의 꽃을 피우고 그 위에 쌓이는 눈 한 송이 무게를 털어내며 살다 가는 게 아닐는지. 끝도 없이 광활한 하늘의 광경은 시아버지의 영혼과 함께하는 듯 보인다. 살랑살랑 바람이 뺨을 스치고 눈꽃이 고개를 들면 눈부신 햇살은 쌓인 눈을 녹이며 발끝에서 빛난다.

엽서 한 장

엽서에 음악이 담겨 왔다. 우편엽서를 받아보기 힘든 요즘, 음악까지 담을 수 있다는 사실이 새롭다. 우체국 소인이 찍힌 엽서 한 가운데 QR 코드[1]가 눈에 띈다. 휴대폰이 코드를 인식한 순간, 놀랍게도 음악이 흐른다.

감미로운 바이올린 음색이 곱다. 휴대폰에서 전해오는 현악기의 떨림이 잔잔하게 내 마음을 사로잡는다. "에드워드 엘가의 「사랑의 인사」를 전하오."라는 남편의 낯익은 글씨를 발견하고 바삐 움직였던 손을 잠시 멈춘다.

엽서를 받은 게 오랜만이다. 예전에 남편은 여행이나 출장을 갈 때마다 내게 엽서를 보내왔다. 짧은 안부를 묻기도 하고 뜨

1) QR 코드 : QR은 'Quick Response(빠른 응답)'의 약자이다. QR 코드는 정사각형 모양의 불규칙한 마크로 특수기호나 상형문자 같은 마크로 나타낸다. 스마트 폰이나 태블릿으로 QR 코드를 스캔하면 대상의 다양한 정보를 보여주거나 웹 사이트로 이동하여 추가 정보를 확인할 수 있다.

거운 속내를 담아 나를 매료시켰다. 대부분 그가 집으로 돌아오기 전에 배달되었지만 그렇지 않은 경우도 더러 있었다. 가족이 함께 여행을 가더라도 우체국을 보면 꼭 들렀다. 곧장 그 자리에서 엽서를 구해서 여행지에서 느낀 감상을 글로 썼다. 자신을 응원하는 문구나 가족을 사랑하는 마음을 담아 집으로 보냈다.

아이들이 성장하면서 꼭 해주고 싶은 이야기는 엽서로 대신하여 전했다. 처음에는 집에 와서 말해도 될 일을 굳이 엽서에 담아 보낼 일이 뭐 있을까 싶었다. 궁금해 하는 나에게 그는 집을 떠나서 느끼는 깨달음이나 좋은 감정을 놓치고 싶지 않다고 말했다. 엽서에 담긴 긍정의 기운은 시간이 지나면 유쾌한 에너지를 만든다는 말도 덧붙였다. 그런 남편이 언제부턴가 엽서를 보내는 일이 줄었고, 요즘은 아예 그 사실조차 잊고 지내던 나날이었다. 생각해 보면 엽서 대신 그의 손에 휴대폰이 함께한 지 이미 오래다.

여전히 휴대폰에서는 사랑스런 멜로디를 전해준다. 바이올린과 피아노 화음이 번갈아 가며 그의 글씨를 따라 연주를 이어가고 있다. 어느새 내 콧노래가 하모니를 이룬다. 엽서를 받기 전까지 부산스럽게 움직였던 일상이 그 순간 덤으로 생긴 휴일처럼 여유로워진다.

사는 일의 속도가 빠르게 바뀌고 있다. 손 편지는 문자나 전자 메일이 대신하고, 글이나 음성 대신에 감정을 나타내는 이모

티콘을 사용하고 있다. 예전에는 긴 시간 고민하며 사랑의 마음을 글로 표현하려고 애썼다면, 지금은 디지털 기기를 누르는 순간 감정 이모티콘이 재빨리 전달된다. 그야말로 휴대폰으로 순식간에 마음을 전하고 좋아하는 음악을 자유롭게 들을 수 있다. 디지털에 익숙한 생활에서 엽서를 받고 보니 밤잠을 설치며 엽서를 꾸미고 편지를 썼던 지난날이 그립다.

고교 시절, 유일한 즐거움은 라디오와 함께하는 시간이었다. 라디오를 들을 때마다 엽서에 적힌 온갖 사연이 음악과 함께 어우러져 감정을 드높였다. 주로 듣기만 했던 나는 엽서 전시회 초대권을 받기 위해 처음으로 사연과 신청곡을 적어 보내기로 마음먹었다. 하얀 우편엽서에 색연필로 알록달록 그림을 그려 넣으며 내 엽서가 눈에 띄길 바라는 마음으로 밤새 꾸몄다. 그 위에 고교시절 친구와의 특별한 추억을 만들고 싶다는 글과 신청곡을 담아 보냈다. 답을 기다리는 마음은 현악기의 선율처럼 끊어졌다간 이어지며 무척 떨렸다. 신청곡이 라디오를 타며 사연이 소개되던 날, 기쁜 마음으로 잠들 수가 없었다. 나는 엽서 한 장에 마음을 담아 그렇게 기다림을 배우며 성장했다.

지난날에는 느리긴 했지만 낭만을 이끌어 냈던 아날로그의 중심에 항상 사람이 있었다. 오로지 편지나 엽서를 통해 교감했던 시간들이 이제는 디지털 기기에 묻히고 있다. 지금은 휴대폰이 엽서를 대신하고 소식을 주고받는 멋과 여운이 없어져 서운

하기도 하다. 문득 음악을 담은 엽서 한 장으로 남편이 내게 전해주고 싶은 게 무엇인지 생각하게 된다.

결혼하기 전에 남편은 엽서를 보내어 내게 사랑을 구했다. 언제나 긴 문장 대신 간결한 내용 몇 줄이 전부였다. 그에게는 넉넉하지 못한 주머니 사정에 사랑을 표현하는 최고의 선택이었는지 모른다. 시간이 흐르는 만큼 엽서는 쌓여 갔고 나는 그의 사랑을 받아들였다. 결혼을 하고서는 가정과 직장을 꾸리는 마음이 부딪쳤다. 아내, 엄마, 직장인으로서의 일상이 복잡하게 얽혀 고민하는 나날이었다. 시간이 지날수록 부부 간의 침묵 속에 묘한 정적이 고통스러울 때가 빈번했다. 그때마다 엽서 한 장은 그와의 정적을 깨고 서로 부딪치며 맞춰가는 길을 열어줬다.

어느새 달콤하고 애틋한 감정으로 엽서 한 장에 환호했던 내 모습은 사라지고 없다. 성격은 급해지고 말투는 투박해져 나이만큼 마음의 굳은살이 두터워졌다. 세상일에 휘둘리며 내가 이런 저런 고민에 쌓여있는 동안, 남편은 직접 QR 코드 만들기를 시도하고 정보를 담아 새로움에 적응하려는 모습이 역력하다. 어쩌면 그의 몸에 밴 아날로그에 최신 디지털을 접붙이기 하며 지금 내 마음의 굳은살을 살펴 보려하고 있는지도 모른다.

「사랑의 인사」는 아름다운 선율로 마지막 멜로디를 잇는다. 남편의 엽서마다 실려 보내왔던 옛 말들이 리듬을 타며 나를 깨운다.

김치꽃

꽃 같다. 빨간 고무장갑을 끼고 배추에 양념을 버무리는 모습은 각양각색 꽃무리의 춤사위와 흡사하다. 하얀 배추가 소금에 절여져 숨을 멈추면 갖은 양념장을 만난다. 거침없이 붉게 버무려지는 현상은 그야말로 붉은 꽃더미 잔치 같다. 간간이 보이는 매콤한 파와 마늘의 향내는 아름다운 꽃의 야멸찬 콧대를 느끼게도 한다.

"김장을 한 적이 없잖아."라는 남편의 한마디가 귓가에 닿았다. 올해는 김장을 함께 담그자고 하면 될 것을 그의 말투는 기어이 내 기분을 상하게 하고 말았다. 종종 일상에서는 순간적인 감정과 분위기로 맘과 상이한 말이 허공에서 서로 외면하는 경우가 있다. 일을 하는 여성이 계절마다 찾아오는 절기 음식을 매번 식탁에 올리는 것은 쉽지 않다. 바쁘다는 사실 이외에도 먹고 사는 일의 중요성을 따지다 보면 주위에서 쉽게 구입해서 먹을 수 있는 상황이기도 하다.

하루 종일 마음이 벌겋게 달아올랐다. 퇴근길에 가까운 재래 시장에 들렀다. 배추와 무, 마늘, 젓갈, 굵은 소금을 구입하고 김치를 맛있게 만들 궁리를 하면서 머릿속에 만드는 순서와 방법을 정한다. 김치의 완성은 바다와 육지가 만나는 절묘한 순간으로 이어진다. 흙 내음을 품고 배추는 굵은 소금에 절여져 다소곳이 앉았다. 그 위로 바다 풍미를 선사하는 온갖 재료가 고춧가루와 어우러져 붉은 양념이 탄생한다. 그렇게 자연이 어우러져 발효되어 김치가 된다.

아침에 남편이 김장 김치 말을 뱉었던 장소에서 자리를 폈다. 본격적으로 김장을 치대야 한다. 묵묵히 재료를 섞는다. 돌이켜 생각해 보면 혼자 김장 김치를 해본 적이 없다. 늘 할머니와 어머니가 하던 일종의 겨울 집안 행사를 먼발치에서 바라본 수준이 아니었던가. '남편이 그렇게 말할 만도 하다.'는 생각이 떠오르자 뒤에서 인기척이 났다. 어깨너머 상황을 지켜보던 남편이 "뭐 도울 거 없을까?"라고 말한다.

마음을 가라앉히고 싶을 때는 어쩌면 좋을까. 나는 종종 커피를 마시고 거실을 거닐다가 달콤한 초콜릿을 한 입 물기도 한다. 지금처럼 숭숭한 마음이 번지기 전에 상대방의 요구대로 행동하면 고민이랄 것도 없이 바로 해결이 된다. 단지 약간 어색하고 민망하지만, 이럴 때면 절인 배추에 고춧가루와 젓갈을 넣은 양념 한 숟갈을 더 넣으면 된다.

"아, 이것 좀 도와줘요. 고무장갑 위로 소매 좀 걷어주고, 저기 배추 좀 갖다 줘요."

누군가의 마음을 이해하는 데 가장 좋은 방법은 나도 그와 같은 심정이 되어 보는 거다. 옛날 같으면 김장 김치는 한 해 먹거리를 마련하는 중요한 행사였다. 마당 한가운데 평상을 펼치고 그 아래로 온갖 재료를 마련하면 동네 아낙들이 죄다 함께 빨간 고무장갑을 끼고 김치를 버무리고 있었다. 지금 생각해도 웃음이 나오리만치 집 앞 마당에 펼쳐진 김장 풍경은 장관이었다.

하염없이 김치를 치대면서 집안 이야기, 친인척 이야기, 동네 아무개 이야기 등 수많은 사연이 서로의 공감을 이루며 이야기꽃을 피웠다. 김장 문화가 동네 인맥과 문화를 만들었다고 본다. 지금은 공장에서 위생과 안전을 고려한 철저한 공정 속에서 진행된다. 모든 게 기계화되고 자동 시스템이 전달하면서 사람은 그저 거들 뿐이다. 좋고 나쁨을 따지기 전에 시대의 흐름과 식생활의 변화를 받아들이는 시기임에는 분명하다.

따끈한 밥 위에 맛있게 절인 김치 한 조각으로 행복을 먹는다. 설령 삶에서 짠맛이 온몸에 절여져 숨죽인 기분일 때, 밥상에서 느끼는 위안은 상당히 크다. 단순히 음식으로써의 만족감 이외에 손맛과 정성이 전해졌기 때문이 아닐까 생각한다. 절박한 심정이 될 때, 때로 무엇을 어떻게 풀어가야 하는지 몰라 혼란만 쌓일 때, 이럴 때 버무린 김치가 떠오르는 건 당연한 이치일지도 모른다.

정해진 레시피대로 만든 음식도 결국 손맛이 더해서 자신 만의 독특한 맛을 만들어 낸다. 기본적인 방법을 중심으로 손맛이 곁들여지면 신기하게도 미묘하게 맛의 차이를 보인다. 멀찌감치 나를 바라보던 남편이 곁에 앉았다. 양념도 건네주고 배추를 정돈하기도 한다. 옆에서 거들기만 해도 조금 전보다 속도가 빠르다. 김치를 만드는 작업의 끝이 보이자 그는 조금씩 말문을 열기 시작했다. 온갖 속내를 풀어내며 손으로는 김치를 다듬어 통에 넣었다.

퇴근하고 난 후 시작한 김장은 늦저녁이 되어서 마무리가 되었다. 배추는 김치통에 담겨 갖은 채소와 빨간 고춧가루가 양념으로 버무려져 얌전히 숨죽이고 있다. 마치 어제의 날 섰던 마음이 김장과 함께 조용해진 것처럼 느껴진다. 막상 김치를 마무리하고 나니 불평을 늘어놓던 속내가 겸연쩍다. 상대방의 요구는 결국 우리를 만족시키는 결과를 이끌기 마련인가 보다.

꽃이 폈다. 식탁 앞에 앉은 남편은 김치를 한 입 베어 물고는 환한 얼굴로 나를 쳐다본다. 갓 담근 김치 맛 때문인지 서로 맞닿은 눈길 때문인지 그의 흡족한 미소가 내게 닿는다. 순간, 어질러진 거실과 부엌 따위는 딱히 문제가 되지 않는다. 삶에서 동반자로 살아간다는 건 소소한 일상의 밥상에서도 충분히 공감하며 뜨거움을 이어갈 수 있다는 생각에 이른다.

겨울 강

조심스럽기가 살얼음판을 건너는 기분이다. 속내를 참지 못하고 부딪치자니 물에 빠질 지경이고 가만히 참고만 있자니 앉은 자리에서 얼어버릴 태세다. 남편은 이런 속도 모르고 무거운 표정으로 자기만의 세계에 빠져 있다. 숨 막히는 집안 공기에서 벗어나 차 한 잔을 마시자고 제안한 쪽은 나였다.

가끔 남편의 속을 가로지르는 물 깊이를 알 수 없어 머뭇거리게 된다. 쉬이 말을 뱉는 사람도 아니고 이런저런 사정을 털어놓으며 속을 풀 일도 거의 없다. 사람은 어디서든 고독할 수 있지만 부부 사이에서 긴 침묵은 끝도 없이 수면으로 가라앉는 기분이다. 고독이란 게 오히려 서로 가까운 관계에서 원하는 만큼의 친밀감을 찾지 못하는 상태라고 했던가. 내가 바라는 만큼의 친근함을 느끼지 못한 채 혼자 물속에서 첨벙거리며 속마음은 사정없이 외로운 감정이 소용돌이친다.

집을 나서면서부터 막상 어디로 가야 할지 몰라 머뭇거리던 찰나 빨간 지붕을 이은 찻집이 눈에 띈다. 나는 옅은 갈색 테이블 쪽으로 다가가면서 남편과 살짝 눈을 마주 쳤을 뿐, 자리에 앉고 나서는 계속 내부만 둘러본다. 실내에 장식된 사진의 묘한 분위기에 이끌려 마치 얼어붙은 겨울 강가를 둘러싼 나무숲에 앉은 기분에 취한다. 사진이 인상적이다. 무채색을 배경으로 노인, 어린아이, 여인 등이 홀로 앉아 있다. 그들은 무표정하게 먼 곳을 바라보며 기다림을 품은 묘한 시선을 던지고 있다. 난 생처음 사진으로 만난 그들의 모습에 담긴 의도가 내게 전해진 걸 보면 모름지기 마음이란 상대방의 말보다 몸짓과 표정을 먼저 살펴야 하는지 모를 일이다.

주문한 차가 도착하고서야 겨우 눈이 마주치지만, 여전히 침묵하고 있다. 남편은 휴대폰에 집중하며 미간을 찌푸렸다가 펴기를 반복하고 간간이 하품을 섞어 토해내며 지루함을 드러낸다. 그 표정을 본 순간, 집안에서 느꼈던 갑갑한 기운이 다시 떠오르면서 무심코 차를 들이켰다. '앗, 뜨거워!' 기다림을 잊은 대가로 뜨거운 기운이 입천장을 허물었다. 순식간에 입안의 후끈한 증상이 표피를 긁어낸다. 아무렇지도 않은 척 그에게 말을 붙이려는데 허물어진 것이 자꾸 혀에 걸려 너덜거리는 탓에 이상한 소리가 새어 나온다. 내게 귀 기울이지 않는 그의 모습은 점점 더 엄하기가 손님을 맞는 것처럼 냉랭하게 느껴진다. 강을 건널 엄두가 나지 않는다고 생각이 뻗치자 그저 차 맛도 모른 채 들이키기 시작한다.

삶을 이해할 때 지나온 시간을 살핀다. 그 흐름의 줄기를 이어보면 무언가 이룬 것도 있지만 때로는 쓴 경험으로 얼룩지고 망연자실한 결과를 가져오기도 했다. 누구에게나 공평하게 주어지는 시간을 엮어 놓고 보면 과연 나는 어떤 길을 지나 지금을 살고 있는지 옆자리를 바라보게 된다.

봄처럼 개울의 물소리가 청량하게 가슴을 파고든 시간이 떠오른다. 직장을 갖기 위해 애쓰며 어려운 시기에 곧 꽃이 필 것이라고 다독이며 희망을 놓지 않았던 시절이었다. 여름이면 손발을 걷어붙이고 첨벙첨벙 몸과 마음을 담아 온전히 하나가 되지 않았던가. 자식을 얻고 집 장만하면서 지친 몸을 위로하며 가정을 일궜다. 가을이면 모난 잎의 형태를 다듬고 빛바랜 색을 품으려 애썼다. 사회 변화 속에서 직장이 어려움을 겪으면 서로 어깨를 내주며 걱정을 나눴다. 그렇게 세찬 바람이 불어도 지금보다 훨씬 젊던 시간이었다.

겨울이 되고서 문제다. 풀리지 않는 주위 환경은 몸과 마음을 얼어붙게 하고 남편 얼굴은 계절을 닮은 색을 띤다. 점점 시간이 지나면서 두껍게 쌓인 눈 때문에 힘겹다. 마치 사진 속 강가에 앉은 노인의 모습처럼 얼어붙은 채 종일 침묵한다. 사는 게 뭐라고 웃음기가 하나씩 지워져 가고 표현하지 않는 그를 오해하기 일쑤다. 서로가 가진 결핍은 마음에 켜켜이 쌓여만 가고 그 눈을 녹이는 방법을 몰랐다. 시린 가슴은 서로를 꽁꽁 얼게 만들어 기어이 겨울 강을 건너지 못하고 있다.

차 한 잔을 머금고 그가 말문을 연다. "오랜만에 차 마시러 나왔네." 별말도 아닌데 온화하기가 얼음이 막 풀리려는 듯하고 그 속내의 넉넉함이 텅 빈 골짜기의 울림으로 들린다. 뭐라고 답을 해야 하는데 눈길만 찻잔 속으로 떨어진다. 머쓱한 내 마음을 눈치챘는지 미동도 하지 않던 남편은 그제야 실내를 둘러본다. 옆자리의 젊은 남녀를 한번 바라보더니, "예전에는 잘 웃고 상냥하게 말도 잘 들어주더니 요즘은 많이 변한 거 같다."고 다시 말을 건넨다.

내가 할 말을 남편이 먼저 던진 셈이다. 결국, 얼음장에 갇혀 건너지 못하는 강을 두고 끙끙거린 건 서로 닮은 입장이었다. 생각이 뒤바뀌는 순간, 옆 테이블 청년의 웃음소리가 유쾌한 멜로디를 달고 '허허' 허공을 지른다. 숙녀는 곁에서 쉴 새 없이 속내를 쏟아내며 그의 중저음 맞장구에 맞춰 환한 미소로 답한다. 그들은 마치 이리저리 물결에 휘감기며 넓은 바다에서 유쾌한 파도를 타는 풍경과 흡사하다. 그 모습을 지켜보던 우리는 순식간에 서로를 바라본다.

이십 대 시절로 되돌아간 눈빛이다. 남편은 커피숍 데이트에서 매번 같은 자리에 앉아서 책을 읽거나 메모를 하면서 나를 기다렸다. 내가 자리에 앉고 나서야 안경을 가다듬고 책을 덮으며 고개를 들었다. 당시 귀했던 커피 한 잔의 값어치 때문이었을까. 우리는 긴 시간 커피 얼룩이 마르도록 대화가 이어졌다. 말을 많이 하는 쪽은 나였고 묵묵히 미소로 들어주던 쪽은 남편이었다. 지금의 옆 테이블 젊은이들과 별반 다르지 않았다. 남편도 나와 같은 생각을 했는지 나를 바라보는 얼굴에 미소가 번진다. 마침내 우리는 얼어붙은 마음을 추억으로 녹이며 강을 건너고 있다.

'겨울을 지내보아야 봄 그리운 줄 안다.'고 했던가. 시간이 지날수록 삶은 지난 청춘을 강물에 쓸어 기억을 가라앉힌다. 같은 시간 비슷한 일과가 엮이어 일상을 이루고 스스로 모르는 사이에 나이를 쌓아왔다. 나는 무엇을 이루고자 하는 걸까. 과연 어떤 봄을 만끽하려고 내면에 차디찬 겨울의 얼음장을 만들어둔 걸까. 상황을 되짚어 보면 언제나 계절이 흐르듯 또 그렇게 봄을 애타게 찾으며 지금을 만끽한다.

잔이 비워지면서 입천장의 뜨거움에도 익숙해졌다. 생각이 바뀌자 그의 침묵은 내가 유유자적 헤엄칠 수 있도록 자신을 드러내지 않고 조용히 물가에 잠겨 있는 모양새로 비친다. 어쩌면 겨울 강을 건너지 못하고 망설인 쪽은 내가 아닌 그였는지 모를 일이다.

함께 한다는 건

남편은 늘 소파의 같은 자리에 앉는다. 텔레비전을 보거나 책을 읽을 때도 그의 자리는 같다. 앉은 자세로 조용히 자신만의 시간을 보낸다. 비스듬히 눕거나 흐트러진 모습은 본 적이 없다. 같은 자리에서 앉은 채로 휴식을 취하는 모습이 고집스럽다. 나와 달라서 신기할 따름이다. 오랜 세월 그에게 같은 자리를 내어준 소파는 이제 푹 꺼진 모습으로 지난날의 추억을 떠올리게 한다.

살집 없는 작은 키의 남편은 조용하지만 단호한 말투를 쓴다. 설득력있는 낮은 목소리와 논리적인 사고에 반해서 그의 아내가 되었다. 지난날 커피숍에서 책을 읽으며 나를 기다리던 모습을 또렷이 기억한다. 벌써 이십칠 년이 더 지난 일이다. 신혼생활은 모든 게 부족했다. 단칸방에는 텔레비전과 냉장고, 침구류가 전부였다. 텔레비전 앞에 노란 포스트잇이 붙어 있던 것을 기억한다. 「1. 원하는 직장을 얻는다. 2. 집을 장만한다. 3. 자식을 얻는다.」 그걸 보면서 나는 웃었지만 남편은 진지했다. 시간이 흐르면서 그는 책상을 마련하고 가족의 미래를 준비하며 열정을 쏟았다. 우리는 포스트잇 색이 바래고 가장자리가 말려 올라갈 때까지 함께 애썼다. 어느새 남편이 바라던 바를 이뤘을 때, 포스트잇은 이미 사라지고 없었다. 그는 일자리를 구하고 집을 장만하면서 자식을 얻고 쉴 소파를 사들였다.

가죽 소파의 질감은 매끈하고 부드러웠다. 갈색에 곡선의 등받이가 맘에 들었다. 한 달 동안 매주 소파 매장에 들러 가격 흥정을 하다 돌아서기를 반복하고서야 구입한 소파였다. 가족 모두가 기뻐했고 나는 매일 앉은 자리를 닦았다. 소파에서 하루의 피로를 풀고 가족이 함께할 수 있는 자리가 되었다. 네 식구가 엎치락뒤치락하면서 그곳에서 갖가지 얘깃거리를 담아 울고 웃었다. 지금은 다 커버린 아이들과 함께 소파에 앉으면 자리가 비좁다. 오랫동안 아끼며 사용하고 있지만 유독 남편이 앉은 자리만 푹 꺼진 모양이 되었다.

오래된 소파를 만져본다. 비록 낡고 형태가 일그러지긴 했지만 가족의 지나온 시간이 흔적으로 남아 있다. 심지어 푹 꺼진 자리는 남편이 그 자리에 없어도 앉아 있는 모습이 그려질 정도다. 그는 사십대까지 그래프의 최고점을 찍듯이 당당하게 자신의 세계를 펼쳐 나갔다. 그러던 그가 나이 오십을 넘어서면서

변해갔다. 사소한 말에도 예민하게 반응하고 점점 나이가 들면서 토라지기까지 한다. 머리카락은 날로 희게 변하고 눈가의 주름도 늘어간다. 이지적인 눈매와 온몸에서 풍기던 위풍당당한 기운은 보기 힘들다. 예순을 앞둔 지금은 부드러운 목소리로 집안일까지 나서서 도와준다. 마치 오래된 소파처럼 가족이 기대어 쉴 수 있도록 모든 것을 받아준다.

나도 변했다. 언제나 참고 희생하는 것이 억울하다는 생각으로 눈물부터 찔끔거리던 나였다. 일상에서 웃음이 사라지고 다정다감하지 않는 그를 오해하기 일쑤였다. 언쟁이 높아지기라도 하면 집안의 구석진 자리를 차지하고 뒤돌아 앉았다. 어쩌다 마음이 평온해지면 생색내고 싶은 속마음이 비집고 올라왔다. 속내는 불편해도 그저 모든 것을 맞춰가며 살려고 노력했다. 지난날의 심정을 모르는 남편은 내가 변했다고 한다. 가끔 거친 말이 튀어나온다는 것이다. 생각해 보면 나의 이기심으로 던진 말이 그에게 상처를 준 날이면 남편은 소파의 그 자리에 앉지 않았다. 그럴 때면 그의 빈자리는 내게 더 큰 외로움을 안겨줬다.

부부는 믿음으로 살아간다. 때로 다투다가도 애절한 마음으로 서로 이해하며 일상을 이어간다. 삐걱거리던 많은 시간을 지나 요즘은 주말이면 동네를 산책하고 가끔 영화를 보기도 한다. 소파의 같은 자리에 앉은 남편 곁에는 늘 내가 있다. 가끔 언쟁이 있더라도 외면하거나 말문을 닫지 않는다. 구석에 쌓인 먼지를 방치해서 묵은 때가 짙어지지 않도록 이제는 표현하고 이해하며 작은 오해를 털어내려 한다.

푹 꺼진 자리에 앉아본다. 처음 사왔을 때의 탄성은 느껴지지 않는다. 군데군데 흠집도 눈에 띈다. 낡은 소파에는 지금까지 가족을 위해 노력한 남편의 수고가 베여있는 듯하다. 소파 맞은편에 큼지막한 흑백의 결혼사진이 눈에 띈다. 예전의 풋풋한 모습과 사랑스런 느낌이 고스란히 담겨 있다. 남편이 이 자리에서 지난 시절을 떠올렸다고 생각하니 감회가 새롭다. 힘든 생활 속에서 구석진 마음의 한 부분을 추억으로 쓰다듬고 위로받았을 것이다. 그의 마음을 짐작하니 사진 속 남편의 미소가 고맙다.

함께 한다는 건 오래된 소파처럼 자연스럽고 편안하다. 그것은 잘 드러나지 않아도 조용한 몸짓으로 지나온 시간만큼 사연을 담아가는 것, 젊음은 사라지고 주름진 얼굴에 탄력이 떨어져도 사진 속 그때의 마음을 추억하는 것, 미미한 온기를 부딪치며 곁에서 서로를 바라보는 것 아니겠는가.

마음의 퍼즐을 잇다

중학교 1학년 사춘기 딸의 마음은 퍼즐과 같다. 중년을 넘어선 엄마의 마음은 그 퍼즐을 짜 맞추고 알아맞히기 위해 진땀을 흘리는 초보자 수준이다. 퍼즐은 문제를 풀어내는 일반적인 공식이나 해결 방법이 알려져 있지 않는 혼란스러운 문제라고 한다. 아무리 어려운 문제라고 해도 그 문제를 해결해 내는 공식이 알려져 있다면 그것은 퍼즐이 아닌 것이다. 사춘기 딸의 마음 조각이 퍼즐과 같다고 느낀 것은 바로 이런 이유 때문이다.

딸은 초등학교를 졸업할 즈음부터 사춘기가 시작되었다. 올해 중학교를 진학하면서 그 정도는 더욱 심해졌다. 엄마로서 아이를 이해하려는 마음과는 달리 말이 먼저 앞서 아이를 훈계하고 지시하며 화내는 모습이다. 고민하던 참에 「○○중학교 어머니 독서회」에 참여하게 되었다. 혹시나 딸아이의 마음 조각을 독서회 활동을 통해 연결하고 싶은 심정에서 주저함 없이 신청했다. 학창시절 이후 독서 토론을 해본 적이 없어서 걱정되기도 했지만, 독서를 통해서 아이와 소통할 수 있는 요소를 마련한다는 것에 나는 설레었다.

아이를 키우는 직업주부의 고민은 비슷할 것이다. 함께 있는 시간이 부족하고 많은 것을 아이 곁에서 챙겨주지 못해서 늘 마음이 아프다. 바쁘다는 핑계로 아이의 각종 행사와 모임에 빠지기 일쑤고 그러다 보면 아이와의 대화 내용도 어긋나는 경우가 많다. 그러기를 몇 차례 반복하고 나면 아이는 대화를 시도하려고 조차 하지 않는다. 그때부터인가 딸아이는 혼자서 퍼즐을 즐겨하게 되었다. 여행을 가거나 장거리 이동을 하게 되면 곧잘 입체 퍼즐과 퍼즐 북으로 시간을 보내는 것이다.

한번은 아이가 없는 틈을 타서 아이가 만지던 퍼즐을 움직여봤다. 평소에 퍼즐을 즐겨하지 않는 나는 시작한지 얼마 되지도 않아서 순식간에 평온했던 마음이 불난 듯 열을 내다가 이내 그만뒀다. 뭔가 퍼즐이 나를 약 올리는 것 같기도 하고 시험에 들게 하는 묘한 기분에 언짢았다. 순간 퍼즐을 맞추려는 내 모습과 아이의 마음을 짧은 시간에 파악하려던 시도는 어이없이 무너졌다. 어쩌면 어머니 독서회에서 이 모순점을 해결할지도 모른다고 생각했다. 왜냐면 지금까지 일방적으로 지시와 요구만 하는 엄마의 모습에서 독서회를 통해 혼자가 아닌 다른 엄마들의 마음을 함께 공유하며 딸의 마음조각 퍼즐을 이해 할 수 있다고 믿었기 때문이다.

처음 어머니 독서회에 참석하던 날, 걱정과 설렘이 뒤섞이는 기분이었다. 막상 참석하니 걱정과는 달리 독서회에 참석한 어머니들의 밝은 모습과 유쾌한 목소리에 에너지를 공유하는 좋은 기분을 맛보았다. 어머니 독서회에 참석한 이유 등을 포함하여 자기소개를 하는데 모두 비슷한 생각으로 참석한 것이다. 독서를 하는 엄마 모습을 보여주어 긍정적인 동기부여를 하고 싶어서 참석한 사람, 아이 또래 어머니들과의 교류를 통해 정보를 얻고 싶은 사람, 독서를 통해 함께하는 즐거움을 갖고 싶은 사람 등 다양한 목적으로 함께 하였다.

첫 모임 후에 나만 해결하지 못한 퍼즐을 갖고 있는 것 같은 답답함이 한결 가벼워진 기분이었다. 그 이후로 박웅현 작가의 「책은 도끼다」라는 도서를 시작으로 본격적인 어머니 독서회를 경험하였다. 두 그룹으로 나누어 각자 돌아가면서 자신 느낀 바를 이야기했다. 어떤 분은 독서 후 느낌을 노트에 빼곡히 적어 오기도 하고, 누군가는 감명 깊은 글귀에 대해 좋은 이유를 설명하며 페이지를 알려 주었다. 또한 같은 문구에서도 생각하는 바가 정반대로 해석되는 경우가 있다면 모든 어머니들이 함께 공감하며 찬성하는 부분도 있었다. 내가 독서회에서 가장 크게 느낀 점은 독서의 힘은 다양한 사고의 회오리바람을 일으킨다는 것이다. 나의 고정적인 생각의 폭을 넓히고 다른 사람의 사고를 받아들이는 넉넉함을 배우며 새로운 경험도 맛볼 수 있었다.

독서회의 시작은 늘 책과 저자, 줄거리 등으로 이야기가 시작되었는데 이야기가 무르익어 갈 즈음, 누구랄 것도 없이 중학생이 겪는 공통적인 고민과 해결 비법에 대한 얘기로 목소리에 힘을 가하였다. 그리고 고정욱 작가의 「까칠한 재석이가 열받았다」라는 도서에 관해서는 등장인물이 청소년이고 그들의 사회문제가 반영된 내용이라 어머니와 아이가 함께 읽고 토론하기에 더욱 좋았다. 어느새 독서회는 뜨거운 열기로 독서와 함께 청소년들의 생각에 대해 토론하며 토머스 모어의 「유토피아」 등 다양한 도서를 접했다.

우리 집에는 비교적 책이 많은 편이다. 네 명이 사는데 각자 취향에 맞춰 책을 읽는 탓에 그 종류가 또 다양하다. 고등학생이 된 아들은 책을 읽고 감명 깊었던 점이나 작가의 세계에 대해 이야기 하며 가끔 열띤 토론을 펼치기도 한다. 이것을 제외하곤 각자의 독서 세계에 대해서 간섭하는 법이라곤 없다. 이러한 집안의 독서 분위기 속에서 어머니 독서회는 딸의 마음 조각을 푸는 것 뿐 만이 아니라 가족이 공유할 수 있는 대화 주제를 제공하게 되었다.

어머니 독서회는 편식하듯 책을 읽는 나의 입장에서 처음에

생소하고 낯선 기분도 들었다. 만남을 거듭하면서 모두가 중학교 자녀를 둔 엄마라는 공통점으로 하나 되어 풍성한 토론회장이 되었다. 평소에 딸아이를 바라보며 느끼는 나만의 고민이 아니란 것을 깨닫고는 크게 공감하고 위안을 받았다. 또한 새로운 방법으로 대처해 나가는 엄마들의 노하우를 엿들으며 그야말로 퍼즐을 푸는 방법을 알아챈 듯 기쁜 마음이었다. 특히 엄마들의 대화 속에서 그 어떤 독서의 주제나 대화거리가 나와도 결국 성적 이야기로 이어질 때는 모두가 쓴웃음을 자아내기도 했다. 어머니 독서회를 참석하면서 그렇게 바쁘다는 핑계로 나만의 생각과 의견을 일방적으로 아이에게 요구하던 모습에서 조금씩 변화하기 시작했다.

어머니 독서회에 참석하고 온 날이면 하교한 아이에게 독서회 분위기와 얘깃거리로 대화를 시도했다. 사춘기 딸의 특유한 표정과 말투는 어디론가 사라지고 독서회 분위기를 언급하면서 엄마와 딸의 느낌이 맞물려 감정 공유가 이어지는 짜릿한 공감을 느꼈다. 언제나 학습에 대한 점검과 확인만 하는 엄마의 모습에서 대화의 시선을 딸아이 또래로 옮겼다는 점에서 사실은 스스로 젊어지는 기분과 새로운 신선함에 울컥했다.

퍼즐을 맞춰 가는 것은 딸의 입장에서 이해하고 생각하는 습관을 갖게 했다. 아이와 함께 도서를 선택하고 날짜를 정해 읽고 토론하는 시간은 소중한 일과가 되었다. 다른 사람의 말에

귀 기울이며 소통하는 법을 터득하려고 애썼다. 아이를 대하는 법, 생각을 읽는 법, 관심꺼리를 알아가는 법 등 다양한 사춘기 또래의 세계를 이해하고자 마음을 열었다.

퍼즐을 푸는 시간은 자기 자신과의 계속되는 커뮤니케이션의 시간이라고 한다. 또한 퍼즐을 풀어보는 과정에서 경험하게 되는 시행착오가 사고의 자기교정을 가능하게 해준다고도 한다. 이처럼 어머니 독서회는 나에게 딸아이의 마음 조각 퍼즐을 푸는 과정과 원리를 알려주었다. 딸아이의 속내는 상관도 없이 손만 바쁘게 움직인다고 퍼즐 같은 마음을 풀 수 있는 게 아님을 깨닫는다. 사춘기를 지나고 있는 딸아이의 마음 세계를 이해하기 위해 퍼즐조각 마음을 잘 관찰하고 바라볼 줄 알게 되었다.

어머니 독서회는 예측할 수 없는 마음 조각 퍼즐형 딸과 일방형 엄마 마음을 함께 풀어가기 위한 끝없는 커뮤니케이션으로 이뤄진 멋진 소통의 장이었다. 특히, 혼자만의 생각이 아니라 독서를 통해 나와 비슷한 경험 속에 있는 어머니들의 생각이 함께하는 따뜻하고 든든한 공감의 자리였다. 모든 것이 복잡하고 어렵지만 과정을 거쳐야 비소로 퍼즐이 완성되어 가듯이 어머니 독서회는 인생에서 귀한 시간을 경험하고 있는 딸을 소중하게 바라보게 하는 마음 조각을 잇는 시간이었다.

합창

마음이란 게 그렇다. 조금 앞서면 더 앞이 궁금하고, 뒤처지면 지난 게 미련이 되기도 한다. 삶의 과정에서 느끼는 순간들이 결코 영원하지 않다는 것을 알면서도 독창을 고집하는 어리석음이 발목을 잡기도 한다. 합창을 하면서 함께하는 화음이 서로를 보듬어 최상의 희열을 맛본다.

아이가 초등학교를 다닐 때 어머니 합창단에 참여한 바 있다. 일주일에 한 번씩 한 달간의 연습으로 진행된 학교 합창 활동이었다. 당시에 특별히 노래를 좋아하거나 잘 부른다는 것과는 상관없이 오로지 아이들에게 엄마의 관심을 보여주고 싶은 마음으로 도전한 일이었다. 그야말로 바쁜 업무에 치여 자식에게 무심한 엄마로 보이지 않으려는 방법을 찾던 중 내린 결정이었다.

생각과는 달랐다. 합창의 뜻 보다는 단원에 이름을 올리려는 얄팍한 속셈이 들어가 합창단에 어울리기가 쉽지 않았다. 일단 분위기에 주눅이 드는데 머쓱해 하는 나와는 달리 주위 어머니들은 목청을 가다듬느라 입 모양을 바꿔가며 모음을 흘리고 있었다. 어디선가는 가늘고 긴 목청이 곱게 울려 퍼지기도 하고 때로는 마치 가수처럼 자신감 있게 노래를 부르고 있는 게 아닌가. 뭔가 잘못되었다고 느꼈지만 빠져나가기에는 이미 늦었다. 아이에게도 달리 핑계 댈 것이 떠오르지 않는다. 그나마 다행인 건 악보를 읽는 데 익숙하다는 정도다.

지휘자는 첫 만남의 낯선 분위기를 웃음으로 단합시켰다. 재치 있는 말솜씨로 각양각색의 어머니들을 어르고 달래며 어머니 단원들의 음색을 파악하고 골라 정렬하는데 시간을 쏟았다. 그렇게 한 주가 흐르고 두 주가 흐르면서 내심 '합창이 과연 성공적으로 마무리될까.'하는 염려가 흘러나왔다. 화음을 맞추기란 쉽지 않았다. 지휘자는 진땀을 뺄 만도 한데 처음과 마찬가지로 여유로운 표정과 변함없는 위트로 단원들을 어우르고 있었다. 분명 합창의 하모니를 이끄는 과정을 꿰뚫고 있음이 분명 진정한 리더의 모습을 보여주고 있었다.

첫 시작은 순조롭지 않았다. 높낮이도 화음도 어우러지지 않은 채 중단되기 일쑤였다. 두 곡의 합창을 준비하면서 한 곡이 어느 정도 화음을 맞춰갈 때 즈음 단원들의 표정도 점차 자신감이 차올랐다. 나 역시 걱정은 어디론가 사라지고 함께한다는 뿌듯함과 묘한 설렘이 뒤섞여 아이의 관심 표시가 아닌 내면의 만족과 희열을 느끼고 있음을 느꼈다. 누구를 위한다는 건 결국 나 자신을 위하는 것임을 깨닫는 순간이었다.

시간이 흐를수록 다듬어졌다. 그렇게 시간이 흘러 첫 무대에 오르던 날은 잊을 수가 없다. 알 수 없는 긴장감과 떨림은 어머니 단원들의 단합을 저절로 이끌었고 누구랄 것도 없이 서로를 위하는 마음이 몸에 베여 있었다. 음악으로 하나 되는 놀라운 경험은 뜻하지 않은 곳에서 뜻밖에 이뤄졌다.

합창은 배려하는 마음으로 어우러진다. 높낮이를 달리하는 피아노 음색에 맞춰 소프라노가 가늘고 곱게 소리를 올리면 뒤이어 알토가 단계를 낮춰 풍성하게 화음을 이끈다. 마치 자연 속 풍경을 더하듯 아름답게 어우러질 때 즈음 테너와 베이스가 맞물리면서 웅장한 합창의 세계로 빠져든다. 이는 나를 위해서가 아니라 청중을 위하는 마음을 고스란히 담아 서로 하나 되는 순간을 경험하게 한다.

시간은 흐르고 아이는 자라서 이제 나와 어깨를 나란히 한다. 예전의 관심을 표현하고 싶은 마음에서 덤덤히 지켜보는 사이로 서로 성장하고 있다. 그 사이에 나는 합창의 감동을 뒤로 한 채 다시 자신만을 고집하며 홀로 독백을 주장했는지 모를 일이다. 뜻하지 않은 일들로 서로의 마음에 상처를 주고받으며 지내기 일쑤였던 업무의 연속이었다. 나도 모르게 그 상처가 깊어지고 원망이 쌓여갈 때 즈음, 봉사 활동을 접하면서 합창단

동아리를 다시 만났다.

어느새 흰 머리는 많아지고 주름진 얼굴은 세월의 연륜을 담고 있다. 바쁘다는 핑계로 짬나는 시간마다 쉴 궁리에만 빠져 있던 나는 합창으로 휴식을 대신하기로 맘먹었다. 반복되는 일상에서 짜증이 쌓여가고 감사하다는 마음보다 더 나은 것을 취득하려는 심리에 불평은 늘어만 갔다. 그 즈음 문득 합창이란 건 혼자가 아닌 함께 살아가는 사회 속 일상의 반복과 겹쳐진다는 생각을 하였다.

누군가 먼저 일에 대한 계획을 내놓는다. 다른 의견이 처음 생각에 옷을 입히고 다시 수정이 되고 내용을 보완하면서 점점 보기 좋은 초안을 완성하게 된다. 초안을 다시 재수정하고 전문성을 입히면 이제 실행을 해야 할 순서다. 무수히 반복한 일들, 누구보다 쉽게 모든 것을 꿰찰 만큼 훤한 내용을 이어가면서도 앞서거니 뒤서거니 하는 음색의 높낮이처럼 다양성이 어우러져 완성도를 높인다.

화음을 맞추는 일은 서로의 마음을 배려하는 것과 무척 닮았다. 첫 한음을 정확하게 잡기 위한 노력과 한 소절, 한 마디를 되풀이하는 노고는 반복하는 일상과도 흡사하다. 먼저 한 음을 잡으면 나중에 두 번째 음이 화음을 이루고 다시 함께 하나 되어 어울리니 말이다. 이쯤 되면 누구든 합창은 서로에 대한 배려임을 느끼지 않을까.

얼굴무늬

얼굴무늬

기와가 웃는다. 입 꼬리는 둥글려진 광대뼈 아랫부분과 맞닿아 있고 눈꺼풀은 자연스런 반달 모양새다. 얼굴무늬수막새는 입술 양 끝이 위를 향하는 넉넉한 미소로 나에게 웃음 짓고 있다.

천년의 시간이 무색하리만치 그녀의 미소는 아름답다. 어느새 주름과 기미로 삶의 흔적을 담은 무표정한 내 얼굴과는 사뭇 다르다. 지천명을 바라보며 무미건조해진 일상의 고민이 깊어질 때 즈음, 신문에서 얼굴무늬수막새를 접하고 곧 바로 국립경주박물관을 찾았다.

십대 이후 다시 만난 그녀의 얼굴에는 생동감이 넘친다. 6~7세기경 손으로 빚었다고 전해지는 여인의 얼굴에는 여전히 사람의 온기가 남아 감돈다. 위아래 입술은 또렷하게 뺨과 경계를 이루며 인중 아래로 도톰하게 자리 잡았다. 마치 피부와 점막이 차올라 윤곽을 도드라지게 한 것 같다. 손바닥만 한 크기의 얼굴에서 뿜어져 나오는 광채는 우리나라 전역에 웃음을 전파할 기세다. 금방이라도 내게 말을 건넬 것 같은 표정에는 오랜 시간을 거슬러 온 역사적 공감대가 묻어 있다. 그저 반달 모양의 눈매나 웃는 입모양만으로 천년의 미소라는 이름을 붙이지 않았다는 것을 직감하게 된다.

한옥을 감싸며 가족의 모든 것을 이해하고 바라보는 표정이다. 우리나라 전통 가옥의 지붕에는 암키와와 수키와가 나란히 포개져 있고, 기와의 끝은 원형으로 막는 수막새와 평면형으로 마감하는 암막새로 이뤄져 있다. 지붕의 처마마다 얼굴무늬수막새로 장식한 것은 분명 삶의 평온을 염원하고 싶었을 터이다. 세상 역경을 이기고 견디려면 더 크고 힘센 기운의 문양을 새겼을 거 같은데, 천년고도의 경주에서는 여인의 미소를 선택한 것이다.

그녀는 소리 없이 빙긋이 웃고만 있다. 긴 세월 지붕의 기왓골 끝자락을 마감하던 수막새의 임무에서 웃을 일만 있지는 않았을 텐데 여전히 미소 짓는 그녀의 마음이 궁금하다. 어쩌면 집 한 바퀴를 돌아가며 장식했을 미소로 가족의 행복을 지켰는지 모른다. 그녀의 얼굴무늬에 담긴 사연을 상상하면서 지나온 삶을 되돌아본다.

나는 열 살이 되기 전까지 한옥에서 살았다. 본체를 중심으로 마당 한가운데 우물을 낀 전통 가옥에서 할머니와 부모님, 언니, 오빠와 함께 지냈다. 오남매 가운데 막내로 태어나 할머니와 지내는 시간이 많았다. 비가 오면 기와 처마 끝에 맺히는 빗물을 바라보다가 맑은 날이면 할머니의 주름진 얼굴을 매만지며 시간을 보냈다. 할머니의 눈꺼풀은 아래로 쳐지고 짙은 주름으로 감싸여 좀처럼 표정을 알아보기 어려웠다. 세월만큼 깊어진 주름이 할머니의 얼굴에 무늬를 그려 감정을 덮고 있는 기분이 들었다. 내가 마당을 뛰어다니며 웃을 때면 가지런한 민무늬 기와 아래에 앉은 할머니의 미소는 빛났다. 할머니는 종일 아버지를 기다리는 것이 유일한 낙이었다.

늘 같은 자리에서 아버지를 기다렸다. 안방 앞마루 중간에서 기왓골 끝의 그림자가 비치는 곳이 할머니 자리였다. 이른 아침 일을 나갈 때나 저녁 귀가시간이 되면 그곳에서 말없이 아버지를 맞이했다. 아버지가 얼큰하게 한잔을 걸치고 퇴근하는 날이면 그의 언성은 지붕을 뚫을 기세로 쩌렁쩌렁 집안에 울려 퍼졌다. 어떤 날은 쨍하고 해 뜰 날 돌아온다는 유행가를 목청껏 불렀고, 또 어떤 날은 세상에 대한 불만을 거친 말투로 토해냈다. 그럴 때마다 할머니는 민무늬 기와를 올려다보며 절절한 심정을 기와에 새겼으리라. 밤하늘 아래, 아버지의 성난 얼굴무늬를 풀어줄 그 어떤 방법도 없다고 느낄 때면 살며시 자리를 피했다.

할머니가 비켜간 자리에 엄마는 아버지와 같은 얼굴무늬가 되어 부딪쳤다. 나는 집안 전체가 흡사 기와가 깨져서 소란하게 흩어지는 것과 같은 모습을 바라보며 밤새 흐느꼈다. 울음 속에 지쳐 잠이 들어 아침을 맞으면 모든 것은 평화로웠다. 아무 일도 없었다는 듯이 기와 끝자락은 아침 이슬에 맑게 빛나기까지 했다. 간밤에 어둠 속에서 나를 바라보던 기와의 얼굴무늬를 읽을 수는 없었지만 그렇게 수많은 밤을 함께 보냈다. 할머니가 돌아가시던 날, 아버지는 엎드려 한참을 일어나지 못했다.

시간은 아무 일도 없었다는 듯 다음 세대를 이어갔다. 그 사이, 밭을 갈아 현대식 양옥으로 집을 지어 동네에서 제일 높은 이층집으로 이사를 했다. 거처를 옮긴 후, 아버지는 정년퇴직을 하고 오빠가 하던 일이 어려워지자 기와집을 팔았다. 팔린 기와집의 기와가 깨지고 떨어져 나가는 것에 마음을 두는 사람은 아무도 없었다. 자식 키우느라 모든 것을 내던진 아버지의 삶에 호화로움은 없었다. 그러던 아버지는 막내인 내가 결혼을 해서 자식을 낳고 얼마 지나지 않아 모든 속세의 인연을 놓았다. 세상에 온 것이 다음 세대를 이어주기 위한 것처럼 그렇게 눈을 감았다. 아버지가 세상을 떠나던 날, 오빠는 차가워진 아버지 육신을 끌어안고 한참을 울었다. 핏기 없는 얼굴을 비비고 또 비비며 지나온 시간을 울음으로 쏟아냈다. 사라진 민무늬 기와에 추억만 남기고 세월은 당연하다는 듯이 그렇게 또 다음 세대로 넘어왔다.

햇살 좋은 날, 국립경주박물관에는 소리 없는 웃음이 빛난다. 환한 미소는 박물관을 찾는 모든 이들에게 온기를 전한다. 얼굴무늬수막새의 표정을 바라보면 할머니와 엄마의 주름진 얼굴이 겹치는가 싶다가, 우뚝 솟은 코끝의 당당함을 보면 아버지를 떠올리게 된다. 생각의 깊이에 따라 오빠와 언니의 모습이 스치기도 한다. 그녀의 얼굴무늬에 담긴 여운을 따라 과거를 지나 현재의 나와 마주하면, 마치 순회하는 삶을 한 바퀴 돌아 지금 이 자리에 선 기분이다.

얼마나 오랫동안 바라봤을까. 그녀의 미소 곁에 모진 풍파가 스쳐 지나간 흔적을 발견한다. 천년을 거슬러 온 험난한 여정을 고스란히 담고 있는 듯 턱과 이마 일부분이 떨어져 나간 것이 눈에 띈다. 어쩌면 가족이 지나온 시간 동안 느꼈던 아픔이 그녀의 흉터에 고스란히 담긴 듯하다. 온전하지 않은 그녀의 얼굴에서 이토록 찬란한 빛을 발할 수 있는 건 역사를 거스를 수 없는 위대한 미소의 힘이 아닐까.

세상을 향해 웃고 있는 그녀의 얼굴이 빛난다. 얼굴무늬수막새는 나쁜 기운을 멀리하고 행운을 불러오는 천년의 미소라고 했던가. 어느새 그녀의 미소를 따라 내가 웃고 있다.

물들다

집은 나를 대신하는 모든 것을 품는다. 내가 호흡하며 뒤척일 때마다 그 안의 물건조차 마음을 닮아 꿈틀거린다. 심지어 오랫동안 함께해 온 것들은 손때가 묻은 역사처럼 보이기까지 한다. 말없이 빈자리에 나를 주인으로 앉히고 있는 그대로의 나를 받아준다.

할머니를 떠올리면 집은 생존과 죽음을 경계 짓는 곳이었다. 육신을 쉬게 하여 숨을 잇고 삶을 확인시켜주는 곳이었다가 충분히 세월이 지난 어느 날 그 너머로 인도하는 곳, 그야말로 삶과 죽음을 온전히 그대로 바라보게 하는 공간이었다. 오래 전부터 할머니는 아버지가 살림을 키워가는 것을 지켜보며 줄곧 함께 지냈다. 부모님이 기거하는 바로 옆방에는 할머니의 숨으로 가득했다. 나는 할머니와 같은 방을 사용했는데 시간이 지날수록 할머니의 몸을 뉘인 자리는 온기를 확인하는 자리가 되었다.

노쇠한 몸을 쉬게 하지만 호흡이 점점 불편한 소리로 바뀌더니 생사를 갈음하는 공간이 되어 갔다.

할머니는 집에서 아버지를 낳으셨다. 이후로 성장한 아버지는 새로운 집을 마련하여 할머니와 가족이 함께 지낼 수 있도록 공간을 넓혔다. 할머니는 평생을 아버지 곁에서 머물며 백세 가까운 삶을 뒤로하고 숨을 거두셨다. 나는 할머니가 떠나시던 그 날 아침의 풍경을 고스란히 기억한다. 할머니는 새벽 붉은 해를 바라보며 조용히 눈을 감은 채 누워 있었다. 당시 열 살이 되었을 즈음 처음 바라본 삶의 마지막은 평안하고 맑았다. 아버지와 친척 어르신이 들어와 나에게 "괜찮아?"라고 물었다. 두 팔을 잡고 흔들기 전까지 내 눈 가득 할머니의 평화로운 모습이 담겨 있었다. 육신을 거둔 자리에는 늘 사용하던 은빛 비녀만 남아 있을 뿐이었다.

그 후로 삼십 여년이 지난 어느 날, 그 집에서 아버지가 쓰러졌다. 어머니는 한 평생 가족을 위해 헌신한 아버지의 삶을 서러움으로 토해내며 아버지가 기거한 안방을 새롭게 단장했다. 벽지를 바꾸고 장판을 갈고 옅은 미색의 꽃무늬가 있는 커튼으로 교체했다. 반년 동안 병원과 집을 오가던 아버지는 어머니가 꽃단장한 안방에서 단지 사흘을 지내고 다시 병원으로 들어간 후 돌아오지 못했다. 어머니가 홀로 집으로 돌아온 날, 어머니 손에는 아버지가 평소에 사용하시던 지팡이가 쥐어져 있었다.

언제부턴지 물건을 떠올리면 친정집 어머니가 기거하는 안방이 그려진다. 자개무늬 서랍 속의 비녀라든가 요란한 소리로 바람을 일으키는 선풍기, 부엌에서 볼 수 있는 과도가 그 중 일부다. 이미 내 나이보다 더 많은 세월을 바라보고 있는 그들의 입장에서 집의 일부이기보다는 집 주인과 일체된 것처럼 보인다. 무엇보다 늘 엄마 곁에 함께하는 아버지의 지팡이는 안방의 주인처럼 위엄 있게 같은 자리를 고집하고 있다. 도대체 어머니를 떠올리면 안방의 풍경이 자연스레 그려지는 것은 무슨 이유 때문일까.

이정진 사진작가는 사물에 대해 스스로 에너지를 뿜으며 생명력을 갖는다고 말한다. 비록 물건일지라도 끊임없이 공감을 주고받으며 내면에 영향을 미치기 마련이라는 것이다. 겉도는 삶의 외형에서 집 안의 소중함을 느끼게 되는 건 어쩌면 인간과 사물이 서로 공존하기 때문이 아닐까.

아버지가 떠난 후 큰 오빠는 아버지가 살던 집을 개조했다. 지난 흔적을 무너뜨리고 새롭게 쌓아올린 집에는 어머니와 함께 큰 오빠 내외와 조카들까지 함께 지냈다. 같은 공간에서 다른 구조를 배치하며 과거와 현재가 묘하게 어우러졌다. 지난 세월은 뒤로 한 채 그렇게 묵묵히 시간을 이어갔다. 집은 일상의 시간 속에서 후손을 이으며 공존해 가며 생명의 본질과 맞닿아 있었다.

불현듯 추석을 앞두고 큰 오빠가 쓰러졌다. 아버지로부터 물려받은 모든 것을 지키기 위해 무던히 애쓰던 오빠가 병원으로 실려 가던 날, 어머니는 아버지의 사진을 바라보며 하염없이 흐느꼈다. 무엇이 급했는지 할머니와 아버지 곁으로 떠났다. 오빠의 자리에 다시 그의 아들이 같은 공간을 지키게 되었다.

집은 참으로 묘하다. 살아생전 숨결을 연결해서 저 너머 세상까지 함께 품는다. 같은 자리에서 다른 형태의 공간을 오가며 세대를 바꿔 이어간다. 그곳에 거처하는 사람의 호흡을 나눈 물건이 모든 것을 대신하고 있다. 공존의 힘을 느낀다. 지금도 어머니가 지내는 안방 서랍에는 할머니가 두고 간 은빛 비녀가 담겨있고, 머리맡에는 아버지 사진과 함께 평소 사용했던 지팡이가 여전히 놓여 있다. 어머니는 그 물건들이 그들인 냥 바라보고 만지고 또 쓰다듬는다.

아무리 하찮은 것도 의미를 갖는다. 나를 거두어주는 공간에 포함된 모든 물건은 가치를 발휘한다. 손댈 때마다 나와 하나 되어 기억을 떠올리며 감정을 고르고 육신을 편안하게 한다. 나 역시 시집올 때 친정 엄마가 건네준 살림살이나 안방의 고운 베갯잇을 바라보면 일상의 고뇌를 위로받는 기분이다. 결혼 후 나만의 둥지에 자리를 틀면서 어머니와의 추억을 쓰다듬으며 함께 기거하고 있는 셈이다. 물건이 갖는 상징성 때문인지 때로 제자리에 있어야 할 물건이 보이지 않으면 애타는 심정으로 소리치며 찾게 된다.

물건은 주인을 닮았다. 스스로 움직일 수 없는 존재지만 가족의 손길로 주인이 필요로 하는 것에 쓰이고 물건이 원하는 만큼 역할에 충실하며 함께한다. 나만의 고유한 방식으로 집안 풍경을 마주하면 집안을 채우고 있는 물건 하나하나가 집의 일부가 아니라 자신의 일부임을 깨닫는다. 물건을 만지면서 서로 호흡하며 추억을 떠올린다. 그야말로 물건은 아무 의미도 목적도 없이 던져진 세상에서 자유를 반납한 채 나를 위해 살아가는 거 아닐까.

집은 사람과 물건이 서로를 길들이며 살아간다. 같은 공간에서 사물에게 눈길을 던질 때마다 말을 걸어오는 듯하고 손길이 닿을 때마다 추억이 되살아나는 듯하다. 어디 그뿐인가. 바깥 흔적을 털어 속내를 다듬고 진심을 끌어올려 내면을 정화시킨다. 말없이 지친 몸을 쉬게 하고 에너지를 주고받으며 숨이 다 하는 순간까지 서로를 물들인다.

아버지의 눈동자

그냥 이뤄지는 것은 아무것도 없다. 시간 속에 참고 견딘다. 얼마를 더 참아야 할까를 마음속에 수도 없이 생각하다 보면 무엇이건 마무리가 되어 있다. 이런 마음을 갖기까지 내게는 많은 시간이 필요했다.

대학을 졸업하고 친구들은 모두 직장을 구하거나 선을 봐서 시집을 가기 일쑤였다. 키 작고 말수 적었던 나는 제대로 된 연애한번 못한 채 졸업과 동시에 일본으로 유학을 떠났다. 열등감과 소심함에 휩싸여 조용하게 지내던 나를 기억하는 모든 사람들은 무척 놀라워했다. 그 당시 일본 유학은 까다로웠다. 일본인의 추천과 경제력을 확인하는 서류를 마련하는 절차가 복잡했고, 무엇보다 아버지의 허락을 얻어내는 것은 고역이었다. 집안에서 다섯 남매 가운데 늦둥이 막내딸인 내가 반란을 일으킨 셈이었다. 당시 적잖은 마음고생을 하면서도 내 의지를 굽히지 않았던 이유는 아버지를 벗어나 변화하고 싶은 강한 의지 때문이었다. 환경이 바뀌지 않는다면 내가 바뀌어야 한다는 강한 고집이 있었다. 그때는 그 마음이 아버지를 꼭 닮아있다는 것을 전혀 눈치 채지 못한 채 그렇게 집을 떠났다.

아버지는 늘 어렵고 낯선 존재였다. 말수가 적고 다정다감한 표현이 없으셨다. 동네 터줏대감이셨던 아버지는 근면성실하기로 유명했고, 그 부지런함으로 자식을 하나 둘 낳아 기르면서 논과 밭을 사고 집을 늘렸다. 평범한 회사원이 짬짬이 밭일까지 하며 지독하게 사신 것이다. 그런 아버지의 눈빛이 붉게 물들기 시작한 것은 나이 오십을 넘어 회사를 퇴직하면서 부터였다. 얼큰하게 약주를 한잔하게 되면 속내가 그대로 폭발하였다. 6·25 전쟁 때 상처 입은 왼쪽 발목 언저리의 흉터를 드러내며 역사 속으로 끌려 드나들기를 반복했다. 꾹꾹 눌러뒀던 마음끼리 혼자 외로운 전쟁이라도 하듯이 사나운 목소리가 되었다. 맑은 눈빛은 붉은 눈동자로 가득 채워졌다.

외로운 전쟁의 참담함이 눈동자에 그대로 비춰지는 듯 했다. 술은 아버지가 마셨는데 술독이 밤하늘을 쩌렁쩌렁 울리더니 별들이 놀라 혼비백산이 되어 달아났다. 그때마다 생각했다. '아버지는 별빛이 저토록 예쁜 것을 모르실까?' 술에 취한 달빛이 흔들리니 별빛도 제자리를 찾지 못해 달아나 버리고 내 마음을 알아주는 이는 아무도 없었다. 이불을 뒤집어쓰고 귀를 틀어막고 별 하나 별 둘을 수도 없이 세어 보았지만, 술에 취한 밤하늘은 물러날 기세가 없었다, 나는 그렇게 감정의 인내를 익혔다.

인내는 방문 고리를 잡고 견디면 밤이 잠들고 해가 일어나듯이 또 하루를 걸어가게 한다. 일본에서 대학원 생활을 시작한지 얼마 지나지 않아 우리나라에서 IMF가 터졌다. 어렵게 유학을 결정한 내 입장에서 다시 한국으로 돌아갈 수는 없었다. 남들은 아르바이트를 한다고 바쁠 때 나는 장학금을 받기 위해 움직였다. 국제봉사활동에도 참여하고 「7개 국어를 배워요」라는 모임 활동도 하였다. 일본어변론경시대회에 참석해서 최우수상도 탔다. 나는 그 당시 '나'라는 존재의 역할과 쓰임에 집착하며 경제적인 어려움을 이겨 내려고 했던 것 같다. 이러한 활동들이 인정받아 드디어 석사과정 마지막 학기에 「평화우호장려장학금」을 받게 되었다. 그 후로 학업에 더욱 매진했다. 이른 아침부터 늦은 밤까지 하루 종일 연구와 실험에 열중이었다. 부지런한 아버지의 근성을 빼닮은 나의 끈기가 발휘되기 시작했다.

도전을 위해 결심하고 시작하는 것은 과정의 혹독함이 뒤따른다. 나에게 일본에서의 대학원 생활은 인생의 작은 단면을 바라보게 한 것 같다. 돈이 궁하여 경제적인 것을 해결하니 학문이 어렵고, 학문에 매진해서 성과를 얻고 나니 누군가 나를 시샘하고 힘들게 하였다. 머리는 바쁘고 몸과 마음이 지치고 힘들어져 갔다. 눈만 뜨면 학교로 등교해서 밤늦도록 실험에 열중하다가 지치고 힘들면 건물 옥상으로 올라갔다. 하염없이 울다가 고개를 들어 보니 멀리서 반짝이는 게 도쿄 타워 불빛이었다. 순간 아버지의 붉은 눈동자가 나를 바라보고 있는 것만 같았다. 뭔가 가슴 밑바닥에서부터 뜨거운 기운이 올라오는 것을 느꼈다. 그때부터 힘이 들면 옥상에 올라가 불빛을 바라보며 스스로 위로의 기운도 만들고 위협적인 채찍도 만들어 자신에게 힘을 실었다.

그냥 이뤄지는 것은 없다더니 정말 힘들었다. 자신에게 수없이 던진 질문들을 도쿄 타워의 불빛에 아버지의 붉은 눈동자가 겹쳐져 묻고 또 물었다. 간간이 한국에서 들리는 친구들 소식과 모습들을 접하면 그들의 아름다운 모습이 마냥 부러웠다. 이 길이 내 길인지 내가 하고 있는 것이 맞는 것인지 그렇게 독백하며 참고 인내하며, 나는 박사과정에서 드디어 일본 문부성국비 장학생으로 선발되어 학위 과정을 마무리했다. 그렇게 아버지 눈빛을 피해 간 일본에서 칠년이 넘는 시간을 보냈다.

견디는 것은 때로 작고 단순한 것에서 가능하게 한다. 도전은 절반의 확신을 품고 세우는 탑과 같아서 포기하면 흉물이 되지만 견디면 높이와 상관없이 나름대로의 모양새를 갖춘다. 일본에서의 유학 생활을 견뎌낸 것은 어릴 적 방문 고리의 손아귀 힘에서 시작되어 단련된 마음 근육이 한몫을 했으리라. 그렇게 이십대 나의 도전 속에서 내가 취득한 것은 박사학위와 박사 후 연구경력이었다. 그러나 한국에 돌아와서의 현실은 더욱 세차고 아픈 통증이 널려 있었다. 마음속의 고름덩어리가 끼어 있어 사는 게 뭐 이 모양이냐고 스스로에게 수없이 질책하며 소리쳤다. 그때마다 이십대의 도전을 붙잡아줬던 도쿄 타워 불빛 속 아버지의 붉은 눈동자를 떠올렸다. 이불 속에서 바르르 떨며 인내하던 내 마음과 어린 나의 모습이 겹쳐져 생각났다. 아버지가 돌아가시고, 그 후 1년 6개월이 지나서 나는 대학 교수가 되었다.

되돌아보면 모든 것은 나의 결심과 행동의 시작이 결과를 가져옴을 느낀다. 나는 지금 아버지를 온전한 맘으로 이해한다. 그 누구보다 사랑한다. 평범한 회사원으로 불편한 몸으로 세상 제일 부지런하게 인생을 살다 가신 아버지를 존경한다. 힘든 일이 생길 때마다 아버지에게 얘기를 건넨다. '아버지, 나는 어떡하면 되나요? 이겨나갈 수 있을까요?' 아버지의 눈빛을 벗어나기 위해 자신을 바꾸기 위해 선택한 이십대의 삶에서 도쿄 타워의 붉은 눈동자와의 만남은 지금도 나를 단련시키고 있다. 이겨내는 것은 자신을 잘 달래는 것이다. 「자기조절」 방식을 설정하여 스스로를 이겨나가면 뭐든 상처가 아물고 새살이 돋아 나를 지탱하게 된다.

눈물범벅이 되었던 밤이 지나고 해가 일어나 나를 반기면 다시 하루를 시작한다. 어릴 적 방문 고리를 잡고 인내하던 나와 이십대 대학원 시절의 힘든 상황, 그리고 삼십대 업무에 몰입하며 정신없이 살아온 그 힘든 순간들은 늘 나에게 새로운 하루를 선사하였다.

하루의 시작은 평온하다. 엊저녁 별빛을 후려쳐서 도망가게 한 아버지의 모습과는 천지차이다. 도쿄 타워의 붉은 눈동자의 위협적인 시선과도 판이하다. 업무를 시작하며 매몰차게 비논리적인 반박에 힘들어 울먹이던 그 마음과는 다르다. 시간이 지나면 조용한 감정이 평온으로 나를 보듬는다. 나는 여전히 힘겹고 삶의 고난으로 허덕이지만, 퇴근길에 아버지를 꼭 닮은 나를 비춰주는 노을을 만날 때면 현재에 다다른 나의 모습을 떠올리게 된다. 노을이 지나간 자리에 별빛이 반짝이듯이 앞으로도 계속될 나의 삶 속에서 인내와 끈기로 하루를 걸어가리라.

통증

깊은 한숨이 무겁다. 연이어 '원통하다'는 독백이 병실에 울려 퍼진다. 분명 작은 목소리로 내뱉은 외마디였는데 그 무게는 옆 병상에 누운 내게로 전해온다.

고희를 넘긴 어르신이 아내를 간병하고 있다. 연신 육체의 고통을 신음으로 뱉어내는 아내 곁에서 종일 손발이 되어 움직인다. 그의 무거운 한숨에 섞인 독백을 듣기 전까지는 속내를 가늠하기 어려울 만큼 지극정성이다. 어르신의 보살핌에도 그녀의 통증은 진통제 몇 알로는 어림도 없는 모양이다. 참지 못한 그녀가 시간을 어기고 다시 진통제를 삼키자 그의 목소리에 모래가 섞여 뒹군다. 같은 말을 수없이 반복하며 입 속에서 모래알을 뱉어낸다. 아내를 걱정하는 맘이 본의 아니게 까칠하게 전달되는 순간이다.

그녀는 더 큰 신음을 뱉으며 당장 수술을 받겠다고 난리다.

어르신은 경과를 보며 시일을 맞추자는 의사의 말을 전한다. 별 반응 없이 듣고만 있던 그녀가 옆으로 몸을 뒤척인 순간, 자지러지는 비명이 터져 나온다. 이번엔 그녀의 거친 목소리가 모래바람을 타고 그에게 쏟아진다. 듣기만 하던 그는 보드라운 목소리로 곧 완쾌될 것이니 조금만 더 참아보자고 아내를 달랜다. 대답 대신 역정을 내는 아내에게 자신의 경험을 털어놓으며 통증은 사라질 것이라고 힘을 보태기도 한다. 답답한 심정과 그녀를 위하는 마음이 엇박자로 쿵쾅되며 안타까움이 절절하게 이어진다.

간호사가 커튼을 젖히며 들어선다. 어르신은 아내보다 더 큰 소리로 진통제를 먹어도 소용없으니 당장 의사를 불러달라고 거친 말을 쏟아낸다. 그의 심적 고통은 돌가루가 섞인 언어들이 대신하며 병실을 어지럽힌다. 마침내 두 어르신은 의사와 마주하고 나서야 궁금증을 해결하고 정황을 받아들이는 눈치다. 조금 전 '원통하다'는 독백이 번진 건 그렇게 의사가 다녀간 직후였다.

힘든 마음은 병실의 묘한 침묵과 어우러져 아픔으로 번진다. "자식 잘 키워 시집, 장가보내고 손자들 보약 사주며 키워놨더니 이렇게 무심할 수 있을까." 하는 혼잣말이 흘러나온다. 자식들이 병문안을 오지 않는다며 갑자기 돌덩이를 깨는 묵직한 음성이 강하게 내리친다. "칠십 넘은 노인이 간병하는데 젊은 자식이 잠이 오나, 이게 말이 되나. 아주 나쁘다." 그의 음성이 거친 돌가루가 되어 튄다.

나는 병상 옆 커튼을 치고 누웠던 몸을 일으켜 앉았다. 어르신의 나지막한 음성이 무겁게 전해지면서 그의 심정을 충분히 짐작한다. 탁하게 울리는 목소리가 아내의 통증보다 더 큰 아픔을 말하는 것 같다. 조용히 듣고만 있던 그녀는 멋쩍은 듯 진통제 먹을 시간이 얼마나 남았는지 묻는다. 그 순간 아픈 정도를 비교하는 것도 아닌데 두 사람의 언성은 바윗덩어리가 부딪치는 소리처럼 요란하게 들린다. 화낼 일도 아닌데 서로의 고성이 오간다. 참다못한 어르신이 "성질은 죽을 때까지 있네."라며 무거운 음성을 그녀에게 내려놓는다. 그 순간, 병실에 있던 사람들이 말문을 닫자 그의 한숨도 정적 속에 묻힌다.

커튼 너머 묘한 공기에 가슴이 먹먹해진다. 어르신의 독백이 나에게 던지는 호통처럼 느껴졌다. 18년 전, 아버지 병환이 깊어졌을 때 엄마 혼자 그 곁을 지켰다. 그때 엄마 나이도 고희를 바라보고 있었다. 환자복을 입고 있던 아버지는 젊은 날, 집안을 호령하던 거친 눈빛과 탁한 목소리는 어디에도 없었다. 저 세상 모든 것을 내맡긴 어린아이 같았다. 엄마는 그 곁에서 극진하게 아버지를 쓰다듬으며 살폈다.

아버지는 암 덩어리만 털어 낸다면 예전처럼 완벽해 보였다. 병상에서의 하루는 시간이 지날수록 일상처럼 자연스러워졌다.

아버지 곁에 엄마가 있는 걸 당연하게 여기며 자식들의 발길은 잦아들었다. 아버지가 생사를 넘나들며 힘든 시간을 보낼 때, 나는 산달을 앞둔 몸으로 직장을 구하러 전국을 누비고 다녔다. 바쁜 업무 탓을 하거나 출산 예정일이 얼마 남지 않았다는 이유로 병문안을 줄였다. 엄마는 아버지 곁에서 막내딸 출산을 보고 가라고 매일 속삭였고, 아버지는 외손녀를 얻고 닷새 만에 가족 곁을 떠났다.

어르신의 돌덩어리 같은 목청에 눌려 정신을 차린 건 나였다. 분명 부모님도 내색은 하지 않았지만 옆 병상의 노부부와 비슷한 심정이었을 것이다. 자식을 위해 모든 것을 내던진 부모님의 삶. 그 고비마다 찾아온 고통을 오로지 자식 생각으로 이겨왔을 터인데, 나는 도대체 부모님을 위해 무엇을 한 걸까. 입원한 후에 온 몸을 쑤시던 통증은 사라졌지만, 그의 독백에 되살아난 지난날의 후회가 압통점으로 남는다.

어른이 되고 이렇게 아파보고 나서야 아무도 찾아오지 않는다는 것이 사람을 더 아프게 한다는 것을 깨닫는다. 치사랑은 보이지도 않고 내리사랑만 남아 가슴을 아린다. 어르신의 아들도 가정을 꾸리고 일상의 업무가 바빠서 발걸음을 늦췄을 것이 분명하다. 나 자신도 아버지보다 내 미래를 준비하기 위해 움직였던 거 아닌가. 곧 태어날 아이 생각이 먼저였던 거 아닌가.

고요 속에서 전화벨이 울린다. 옆 커튼이 일렁이더니 자식과 손자 목소리가 전화기 너머로 번진다. 조금 전까지 바윗덩이를 깨던 목소리는 보드라운 솜털이 되어 날린다. 자신은 괜찮다는 말만 되풀이하며 다 큰 아들에게는 이불 덮고 자라고 몇 번이나 다짐을 받는다. 자식 걱정만을 앞세운 그의 말끝이 촉촉하게 전해온다. 그는 충분히 짐작할만한 통화 내용을 다시 아내에게 전하더니 속 찌꺼기를 불어내듯 깊은 숨을 내쉰다. 어느새 통증은 누그러지고 이곳은 삶을 희망하는 숨소리로 가득하다.

바람을 타고

한 가지 소원은 꼭 들어준단다. 이 말을 처음 들었는데 믿는 마음이 생기니 주저할 게 없었다. 나도 팔공산 갓바위에 있는 관봉석조여래좌상 앞에 엎드려 천년의 역사를 품은 은혜를 느끼고 싶었다.

집을 나서면서부터 마음은 소원을 고르느라 바쁘다. 갓바위 부처님을 만나기 전에 소원 하나를 품고 돌계단을 오르기로 작정한다. 머릿속에서는 내가 하는 일의 성취가 먼저 떠오르다가, 남편을 위하는 기도가 우선이어야 할 거 같다가 이내 자식 걱정으로 이어진다. 어디 그뿐인가 엄마의 건강과 언니와 오빠, 친구의 고민까지 온갖 생각이 뒤죽박죽 혼란스럽다. 한 가지 소원만 들어준다는데 무엇을 골라야 할지 난감하다. 이러다가 소원을 정하지 못한 채 부처님을 만날 것만 같다. 어쩌면 좋을까. 마음이 다급해지니 욕심은 더욱 단단하게 얽혀 매인다. 곧 돌계단인데 큰일이다.

등줄기에서 땀방울이 쉴 새 없이 떨어진다. 미간이 구겨지고 숨이 차오를 때 즈음 바람이 다가와서 내게 말을 건넨다. 코앞만 쳐다보지 말고 멀리 내다보며 걸어가란다. 나는 거친 숨을 고르며 잠시 벤치에 앉는다. 헐벗은 나뭇가지 사이로 햇살과 바람이 넘나들고 산등성이 너머 초록빛이 천지를 덮고 있다. 장대한 자연의 품에서 깊은 호흡으로 바람을 들이킨다. 바람이 온몸을 휘감으며 나를 허공으로 띄우는가 싶더니 갓바위 전체를 한눈에 담아준다. 관봉이라 했다.

산봉우리는 봉황처럼 날개를 펴고 기세 좋은 기운을 뻗치고 있다. 금방이라도 용이 승천하려는 듯 대범하게 하늘을 향하고 있다. 바람은 용의 콧잔등에 앉은 부처님을 떠받쳐 길을 내고, 그 길을 통해 소원을 이루려는 수많은 사람의 기도를 실어 나른다. 병풍처럼 둘러진 암벽 아래 기도 소리는 살아 꿈틀거리며 산봉우리를 타고 천년의 시간 속을 넘나들고 있다. 그 기도 열기에 넋 놓고 있는 내 시선이 산자락 아래로 향한다. 바람은 이 길을 오르고 또 올랐을 엄마 생각으로 나를 이끈다.

엄마는 지금 내 나이 즈음 이 곳을 찾았다. 이른 새벽 동트기 전에 정갈하게 옷매무새를 다듬고 돌계단을 올랐다. 울산에서 대구까지 두 시간 남짓 버스를 타고 먼 길을 오가며 부처님을 만났다. 엄마는 갓바위를 오르기 전날이면 고기반찬을 멀리하고 목욕을 했다. 경건한 표정으로 말수를 줄였고, 그 날 만큼은 화를 내거나 소리치는 일이 없었다. 저녁을 먹은 후에는 하얀 저고리와 잿빛 바지를 손질해서 머리맡에 두고서야 잠을 청했다. 나중엔 엄마가 말하지 않아도 어디를 가는지 짐작할 수 있었다.

엄마는 이 길을 오르며 어떤 소원을 마음에 담았을까. 문득 엄마의 마음이 궁금하다. 가족을 위하고 고달픈 자신의 삶을 위로받기 위해 혼자만의 의식을 치르듯 계단을 오르고 또 올랐으리라. 스무 살에 시집와서 아버지와 함께 갖은 고생으로 집안을 일구었다는 얘기를 수없이 들었다. 오남매를 키우며 자식 걱정이 많아질 때나 할머니가 편찮으시거나 아버지 언성이 높아질 때마다 가족을 도닥이느라 동분서주했던 지난 세월의 모든 것이 엄마의 이야기 속에서 되살아났다. 그때마다 아버지는 아무 말 없이 자리를 떴지만, 엄마는 자신의 희생의 그림자를 한없이 토해냈다. 긴 얘기 끝에 눈물을 닦아내며 미간의 주름을 매만지고서야 이야기는 끝이 났다.

돌이켜 보면 엄마의 일상은 집안 일로 늘 분주했다. 할머니와 아버지, 오빠 두 명과 언니 두 명, 그리고 나까지 가족 여덟 명을 건사하기 위한 노력은 쉴 틈이 없었다. 어렸을 때는 친구 엄마보다 나이 들어 보이고 언제나 근검절약하는 모습 때문에 속상한 기분이 컸다. 그저 자식을 위해 모든 걸 희생하면서 할머니가 아흔 중반에 세상을 떠날 때까지 곁에서 최선을 다하셨다. 나는 다 커서야 비로소 엄마가 가족을 위하던 마음이 변함없는 기도의 힘 덕분이라 생각하게 되었다. 분명 엄마는 기도를 통해 자신만의 해답을 찾아 다시 일상에 복귀했으리라.

갓바위를 다녀온 날이면 엄마의 표정은 평소보다 훨씬 환해졌다. 내가 엄마 나이가 되어 그 표정이 떠오르는 것은 우연이 아닐 게다. 엄마에게 무슨 소원을 빌었냐고 물어본 적은 없지만, 아마도 지금의 나처럼 소원을 떠올리는 맘이 복잡했을 것이다. 어쩌면 엄마도 이 자리에서 지친 발걸음을 쉬면서 바람의 손길로 마음을 다독였을 지도 모른다. 지난 생각에 젖어있는 나를 바람이 다가와 건드린다. 바람은 내게 남은 계단을 마저 걸어가야 한다고 다독이며 손을 잡아 일으킨다.

바람이 나무 사이로 길을 만든다. 그 길을 따라 걷는데 집을 나서기 전에 복잡했던 마음이 한결 가벼워지는 게 아닌가. 직장에서 엉켜있는 불협화음이나 남편의 업무 마찰, 병마와 맞서고 있는 엄마의 힘겨운 일상, 자식의 학업 성취와 진로 고민 등 수많은 생각이 발 아래로 내려앉는다. 묘한 기운을 타고 진중한 본성이 될 때 즈음 갓바위 정상에 도달한다.

어느새 소원을 고르느라 분주했던 심정은 온데간데없다. 땀으로 범벅이 된 얼굴에 미소가 번지면서 머리는 맑아진다. 이 길을 올랐을 엄마와 같은 생각으로 가득 찬다. 지금 내 곁에는 수많은 사람의 소원을 담은 마음이 천년의 바람을 타고 흐르고 있다.

사라져서 존재하는 것

스스로 빛을 발하는 삶은 가치 있다. 일상이 지루하고 무의미하게 느껴질 때 내 존재에 대한 크기를 생각해 본다. 때로는 작은 모습에 한탄하기도 하고, 스스로 놀랄 정도의 자신감에 위로를 받기도 한다. 생각의 크기를 가늠하다가 문득 일상의 물건도 매 한가지란 생각에까지 닿는다.

지루한 회의는 이야기의 흐름이 막히는 경우가 종종 있다. 해답을 찾지 못하고 주제의 맥과 어긋날 때면 회의 중간에 새로운 아이디어 제공을 위한 신선한 반전이 요구된다. 내가 할 수 있는 가장 간단한 일은 그 틈을 내어 손을 씻는다. 손안에 담긴 비누가 매끄럽게 손바닥을 어루만진다. 그 느낌이 마음속까지 전해지면 조금 전의 갑갑한 마음은 어디론가 사라지고 속내를 새롭게 가다듬는다. 하얀 거품으로 묵은 생각을 털어내니 기분이 상쾌하다.

어릴 적, 우리 집 비누에는 아버지의 일과가 묻어 있었다. 아버지는 손재주가 남달랐다. 정년퇴임 후 푸성귀를 밭에 가꾸거나 오랫동안 정리하지 못한 집안의 구석구석을 단장하며 지냈다. 우연히 동네에 고장 난 수도꼭지를 고쳐주고 난 뒤부터 전기, 보일러까지 수리를 도맡았다. 아버지는 누군가 당신이 필요할 때 도움을 주는 것을 대단히 기뻐하셨다. 먼지 가득한 물체를 만지기라도 하면 손이 숯 검둥이가 되어 있었다. 손을 씻을 때 비누 표면에 묻은 색으로 아버지가 무슨 일을 했는지 알았다.

하얀 비누 표면이 까맣게 그을려 있다. 아버지는 이웃집 보일러실에서 먼지 쌓인 드럼통을 두들기고 만진 것이다. 아버지는 손톱까지 까만 흔적을 지우려고 비누로 부비고 문질렀다. 비누가 손을 씻는 게 아니라 손이 비누를 물들였다. 비누가 거무튀튀한 날은 그것을 지워 내려고 몇 번 문지른 후에 손을 씻었다. 가끔 비누에 풀과 흙 내음이 뒤섞여 코끝에 닿을 때가 있다. 그런 날은 아버지가 밭일을 나가 잡초를 뽑고 흙 고랑을 다듬었으리라.

어릴 적 비누를 쓸 때마다 색을 살피고 향을 맡는 버릇이 있었다. 향이 사라지고 색이 누런 비누를 쓰는 게 속상했다. 당시에는 아버지의 희생이 묻은 비누 색의 의미를 알지 못했다. 정확히 알려고도 않았을 터이다. 분명 아버지는 자신의 수고를 씻어내며 내일을 다독였을 것이고, 하얀 거품은 힘든 노고를 품고 사라지며 의미를 드러냈을 것이다. 표면적인 것만 바라보며 생각이 짧았던 그 시절의 후회와 반성은 아버지가 돌아가신 이후로 더욱 선명한 기억으로 남아 있다.

비누를 주제로 한 강연을 들은 적이 있다. 미리암 시디베 Myriam Sidibe의 「손 씻기의 단순한 힘」이다. 오른손에 붉은색 비누 한 장을 들고 시작했다. '250명의 어린아이가 비행기를 타고 추락한다고 상상해보라!'는 것이다. 다소 충격적인 서두로 강연을 이끌어간 그녀는 공중 보건 전문가였다. 예방할 수 있는 죽음의 대비책으로 비누를 알렸다. 비누로 손을 씻는 것은 아이들의 생명을 살릴 수 있는 가장 비용 효율적인 방법의 하나란 것이다. 어린아이들로 가득 찬 10대의 점보제트기가 매일 추락하는 것을 예방하는 것과 다름없다는 논리를 펼쳤다.

비누는 오물을 씻어내며 사라져 간다. 남녀노소를 가리지 않는다. 단지 홀로 완벽할 수가 없다. 물과 만나 손으로 부비면 거품으로 진정한 자신의 모습을 보인다. 비누의 거품이 때를 말끔히 씻어간다. 수차례 같은 일을 반복하며 주어진 일에 열중한다. 시간이 지날수록 형태와 크기는 변하지만 투정하거나 머뭇거리지 않는다. 점점 작아지는 모습에도 아랑곳없다. 세월을 업고 나이를 먹는 나의 화신이다.

자신의 전부를 사용할 때까지 충실하다. 크기와 상관없이 묵묵히 자기 일을 한다. 해야 할 일을 할 때마다 더 작아진 모습으로 자리를 지킨다. 손바닥으로 감싸 쥘 정도의 크기가 손톱만큼 작아져도 그의 역할을 분명히 한다. 나는 어떤가. 내게 주어진 일을 열심히 하고 있는지. 크기에 연연하면서 업무의 양을 조절하고 있지는 않은지 반성해 본다. 비누는 우리의 인생처럼 자신의 역할을 한 후 되돌아가는 법이 없다. 욕심내어 크기가 부풀어지길 바라지도 않는다. 작아질 때로 작아져 사라질 때까지 제 역할을 충실히 감당한다.

자신을 희생하며 현실에 충실하다. 비누처럼 온전한 삶을 산다는 것은 자신을 있는 그대로 받아들이는 것이다. 순간마다 성실하게 사는 사람은 빛을 발한다. 주어진 범위 안에서 열중하다 보면 한 줌 흙이 될 때 빛은 더욱 빛나리라. 삶 또한 허물어지고 사라지며 앞으로 나아간다.

장남

동네 어귀가 환해졌다. 푸른빛 감도는 나팔바지를 입은 장남은 하얀 셔츠 위로 알록달록한 스카프를 감아 한껏 멋을 냈다. 가무잡잡한 피부에 반듯하게 자른 장발이 윤기지게 어울렸다. 어깨를 으쓱 올리며 움직일 때마다 환한 미소가 햇살과 부딪쳐 1970년대 초반, 동네를 빛냈다.

가부장적인 집안에 장남의 탄생은 더할 나위없는 기쁨이었다. 부모님은 첫 딸을 낳고 한 살 터울 아래로 아들을 얻은 기쁨을 숨기지 않고 표현했다. 할머니의 큰 손자 사랑은 정도가 더욱 심했다. 그 사랑은 수십 년이 지난 지금까지도 큰 언니의 맘을 일그러뜨려 울음바다로 만들고 있다. 장남 아래로 남동생과 여동생, 그리고 막내인 내가 태어났지만, 집안의 모든 의미는 장남의 존재만으로 충분했다. 그런 탓일까. 장남을 바라보면 자연스레 아버지가 떠오른다.

아버지는 지독한 구두쇠였다. 새벽에 밭일을 나가 흙과 고랑을 다듬어 양식꺼리를 살피고는 회사로 출근했다. 농사 수확물을 먹고도 남으면 장에 내다 팔고 월급을 모아 살림을 늘렸다. 처자식 배고프게 하지 않겠다고 모든 것을 자식에게 주고는 평생 고운 옷 한 벌을 사 입지 않았다. 동네 청년들이 일터로 나갈 때 장남은 대학을 진학했다. 동네 처녀들의 유혹적인 눈웃음은 모두 장남의 것이었다. 아버지에게 장남의 일이라면 모든 것이 흐뭇했다. 그야말로 세월에 월계관을 씌운 것처럼 빛나던 시절이었다.

장남이 군에 입대하던 날, 아버지는 처음 눈물을 보였다. 6·25 전쟁 참전 용사였던 아버지의 뼈아픈 기억이 떠올랐으리라. 아버지는 눈물을 보이지 않으려고 뒤돌아서다가 키 낮은 대문에 이마를 부딪쳐 몇 날 며칠을 부푼 이마의 상처로 지냈다. 아버지와 아들의 그리움은 헤어짐으로 더욱 굳건한 남자의 세계가 만들어졌다. 말수도 적고 표현은 더욱 없었지만 그들만의 세계에는 막내딸인 내가 근접할 수 없는 영역이 표시된 듯 엄숙했다. 장남을 향한 아버지 방식의 사랑이었다.

아버지의 흰 머리가 늘어날 즈음, 장남은 열정적인 사랑을 시작했다. 시대의 흐름을 앞서는 감각적인 옷맵시며 탄탄한 몸매에 호탕한 성격까지 처녀들의 마음을 흔들기에 충분했다. 장남의 웃음이 많아지던 어느 날, 키 작은 처녀가 붉은 원피스를 곱게 차려입고 장남의 손을 꼭 잡고 들어왔다. 예전에 본 적이 없던 장남의 상기된 표정이 내 눈에 비쳤다. 세련된 외모의 청춘남녀가 내 눈엔 잘 어울려 보였다. 그러나 아버지의 눈빛은 냉혹했다. 왠지모를 마음이 어린 내 가슴에서도 나락하는 묘한 기분을 느꼈다. 그녀에게서 생전 처음 맡았던 고운 분내는 지금도 그때의 아련한 기억을 떠오르게 한다. 안타깝게도 장남의 뜨거운 사랑앓이는 미완성의 추억으로 가슴에 담겨 청춘의 막을 내렸다. 장남으로서 아버지를 받아들인 첫 순간이었다.

장남이 장가가던 날, 그토록 좋아하던 분내 나던 처녀는 그 자리에 없었다. 아버지의 반대를 거절하지 못하고 동네에서 제일 잘나가던 멋쟁이 장남은 시골 처녀와 결혼했다. 그 후, 동네 어귀를 빛내던 화려한 청춘은 생활에 묻히면서 점점 빛이 사라져 갔다. 장남은 이런저런 일을 찾아 집을 떠나 생활하기도 했지만 당연히 아버지 곁에 있어야 하는 사람처럼 돌아왔다. 아버지의 주름과 함께 평범하고 안정적인 가정이 세월과 함께 흘렀다. 아버지 그늘 아래, 세월의 굴레를 아버지와 함께 짊어지고 가는 듯이 보였다. 장남이 아버지를 닮아 가는 것이다.

아버지 삶에서 상처 입은 왼쪽 발목은 서글픔이었다. 얼큰하게 한잔하게 되면 속내가 그대로 폭발하였다. 전쟁의 상흔을 드러내며 술잔 속에서 역사와 맞서 싸웠다. 평소의 침묵을 던져버리고 술잔의 힘을 빌려 기세등등한 장군이 되어 지난 세월을 내달렸다. 술잔에 담긴 아버지의 모습은 서러운 세월의 하소연을 들어달라고 외치는 듯 보였다. 모두가 제자리를 잃고 달아났지만 장남은 아버지 곁에 앉아 서글픈 전쟁을 함께 치렀다. 장남이 아버지의 벗이 되는 시간이었다.

어느 이른 아침, 누군가 허겁지겁 숨넘어가는 소리로 문을 두드렸다. 새벽녘 밭일을 나갔던 아버지가 쓰러졌다는 전갈에 놀라서 뛰쳐나갔다. 그토록 꼿꼿한 모습을 보이던 아버지가 웅크린 몸으로 쓰러져 있는 게 아닌가. 그 곁에는 늘 아버지와 함께 하던 삽 한 자루가 늘어져 아버지를 깨우고 있었다. 아버지는 그 후, 6개월 동안 육체의 고통을 넘나들다가 장남 곁을 영원히 떠났다. "아이고, 불쌍한 아버지, 우리 아버지." 목이 메어 목청이 찢어지도록 불러보지만 소용없는 일. 하염없이 눈물만 흘렸다. 눈물이 마르고 장남이 자리를 털고 일어섰을 때, 장남의 모습에는 아버지의 의연한 모습이 겹쳐 보였다. 마치 아버지의 영혼이 함께하는 것처럼.

함께하는 마음은 늘 서로를 감싼 심정으로 부비며 살아간다. 장남은 아버지의 빈자리를 그대로 지키고 있다. 세상이 바뀌고 동네 모습도 많이 달라졌다. 이웃은 고층아파트로 새롭게 둥지를 틀어 떠나는 일이 많아졌다. 술 한 잔으로 외로운 전쟁을 벌이던 아버지 자리에 이제 장남이 앉았다. 모든 것은 추억이 되어 가고 있지만 장남은 그리움이 배인 모습으로 아버지의 자리를 이어가고 있다.

삶에 지친 시간을 지나오며 형제들 간의 소란도 일상에 뒤섞였다. 누군가의 언성이 높으면 다른 누군가는 더 높게 언성을 띄운다. 온갖 지난 추억이 소음으로 뒤바뀌고 현실과 부딪치며 부서지고 깨진다. 아버지가 일궈 놓은 논과 밭은 자식들의 삶 속에서 사라졌고 예전의 집은 번듯한 현대식 가옥으로 새로운 모습이 되었다. 그 속에서 장남은 변함없이 아버지를 닮은 구두쇠로 아버지가 앉았던 그 자리를 지키고 있다. “장남 자리를 돈을 주고 팔 수 있다면 팔고 싶다.”는 장남의 독백이 하늘 위로 흩어진다.

요즘 시대에 장남의 의미는 누구의 몫이 되어 있을까. 결혼 적령기가 늦어지고 출산율은 더욱 낮은 지금, 장남은 고사하고 딸이든 아들이든 하나를 귀하게 키우고 싶어 하는 게 우리의 모습이다. 지금의 ‘장남’은 핏줄이든 아니든 심지어 외국 사위에 며느리까지 가능한 범주에 있는 현대가 아닐까. 돌고 도는 삶 속에서 누구나 장남의 모습이 하나쯤 담겨 있을 게다. 넘치는 사랑을 받으며 청춘을 지나 아버지와 함께 세월을 어깨동무하다가 조금 앞서 지나간 아버지의 자리를 다시 자식이 이어받는 것. 그것이 인생이 아닐까.

친정 길 동네 어귀에 다다르면 머리가 벗겨지고 주름진 얼굴의 장남이 서 있다. 세월과 함께 장남의 육체를 휘감은 병마들이 고집을 부리는 통에 힘겨워 보인다. 그런 장남을 먼발치서 바라보며 엄마는 기도한다. "아이고, 당신— 하늘에서 외롭나? 그렇다고 장남 데리고 가면 안된데이. 나는 우찌 살라고 내 곧 당신한테로 간다. 알겠제." 눈가를 연신 닦아가며 코를 풀어대는 엄마를 향해 장남이 외친다. "아—. 참. 엄마는 와 또 그라요."

장남은 이제 엄마 곁을 지키는 동네 소문난 효자다. 예전의 화려한 모습의 눈부신 자태는 아니지만 온화하고 따뜻한 모습으로 손을 흔들며 나를 반긴다. 영락없이 동네 터줏대감, 아버지 모습 그대로다.

추어탕

난리북새통이다. 소금 한 움큼에 바가지 속은 아비규환이다. 매끈하고 날렵한 모양새의 미물이 세상을 흔드는 몸부림은 우렁차다. 조금의 안쓰러움이 남아 있다면 손짓을 멈출 만도 한데 바가지 속 빨건 고무장갑은 사정없이 끝을 향해 몰아붙이고 있다. 거친 요동을 차마 보지 못하고 고개를 돌렸다.

얼큰하게 끓여진 추어탕 한 그릇이 놓여졌다. 조금 전 생사를 넘나들던 세찬 몸짓은 흔적도 없다. 시래기와 된장으로 버무려진 희생의 끝은 국 대접 한 사발에 고스란히 담겨 있다. 사람 속을 보양으로 다스리려고 그 치열한 전투를 감내한 걸까. 어머니는 의식을 치르듯 엄숙한 표정으로 뜨끈한 김이 올라오는 추어탕 한 그릇을 내밀었다. 조금 전 바가지 속을 힘껏 치댄 탓인지 어머니의 얼굴이 발갛게 상기되어 있었다.

젊은 시절, 어머니는 연분홍색 치마를 입고 얼굴에 홍조를

띤 채 부엌에서 머뭇거렸다. 칠남매 첫 외동딸로 태어나 동네에서 한자를 가르치던 외할아버지 품에서 곱게 자랐다. 그 시절 상황은 동네 젊은이들이 전쟁터에서 참변을 당했던 때라 외할아버지와 외할머니는 전쟁에서 살아남은 아버지를 택하는데 주저함이 없었다.

할머니는 결혼 후 새댁이었던 어머니의 색 고운 치마 차림을 훑어보고 못마땅한 내색을 비쳤다. 순간 어머니의 마음이 불편하게 꿈틀댔지만 입 밖으로 뱉지 않았다. 마치 미꾸라지가 진흙으로 들어가 휴면을 취하듯 조용히 침묵했다. 어머니가 첫 딸을 낳으면서 손자를 기대했던 할머니는 며느리에게 굵은 소금한 움큼을 그대로 뿌리는 표정을 지었다. 소소한 일상에서 따끔한 시선이 강해질 때마다 어머니는 봄을 기다렸다.

아버지는 봄과 여름 사이에 비가 내리는 날이면 그물을 이용해 농수로나 작은 도랑에서 종종 미꾸라지를 잡았다. 없는 살림에 처자식을 배불리 먹이겠다는 손놀림은 누구보다 빨랐다. 아버지가 미꾸라지를 구해온 날이면 어머니는 빨간 고무장갑을 끼고 굵은 소금과 바가지를 챙겼다. 연분홍 치마 대신에 나일론 고무바지를 입고 날렵한 손놀림으로 바가지 속을 인정사정없이 몰아붙였다.

어머니의 몸짓은 점점 거칠어졌다. 아무것도 없던 살림을 하나씩 불리고 밭일을 함께 거들면서 손은 상처투성이가 되었다.

그 어떤 상황에도 불평 않고 아버지와 마음을 맞춰가며 집안을 일구어갔다. 그렇게 조금씩 집안이 안정을 찾을 즈음, 지금은 기억에도 희미한 먼 친척이 찾아와 할머니와 아버지에게 다짜고짜 언쟁을 높이며 소동을 피웠다. 나는 할머니와 아버지가 맨정신으로 크게 누군가에게 호통을 치는 모습은 난생 처음 봤다. 어머니는 어린 나를 들쳐 업고 상황을 말리느라 진땀을 빼며 몸싸움에 치이고 있었다. 집안에서 몇 번의 소란이 반복된 후, 어머니는 누구보다 우렁찬 목소리로 그 소동을 잠재웠다.

시간이 흐르면서 할머니는 어머니를 바라보는 눈빛이 변했다. 어머니는 언제나 가족을 위해 의복을 깨끗하게 세탁한 후 주름이 없도록 손질해서 내었다. 매번 찬이 없는 밥상이지만 뜨끈한 밥으로 정성을 다했다. 부족한 살림살이에도 남편과 자식들을 곱게 단장시키고 서로를 위하는 마음을 그대로 보여줬다. 그야말로 어머니는 모든 상황에 적응하며 삶을 고스란히 받아들였다.

분홍색 치마에 얼굴을 붉히던 새댁은 어디에도 없다. 삶의 치열함이 고스란히 음식 한 그릇에 담으려는 노력인지도 모를 일이다. 바라보노라면 소금 한 움큼을 거칠게 뿌리고 호박잎을 덮으면 미물의 전쟁이 시작된다. 이리저리 치대면서 어머니는 시댁의 소동과 할머니와의 속을 풀었는지 모른다. 그야말로 본인만의 방식으로 추어탕 한 그릇에 소리없는 함성을 담아 내었다.

언제나 영양식의 첫 대접은 아버지 몫이다. 두 번째는 큰 오빠에게 간다. 그 다음은 누구랄 것도 없이 함께한 가족에게 골고루 나눠졌다. 물론 할머니에게 제일 먼저 뜨끈한 추어탕 독상을 들인 이후의 순서다. 어머니의 추어탕은 그렇게 우리 집 별미로 자리를 잡았다. 마치 시집온 새댁의 부족하고 엉성한 살림이 자리를 잡듯 추어탕 한 그릇으로 집안을 정돈하고 할머니 성을 녹였다. 할머니에게 첫 손녀 이후 내리 손자 둘을 안겨드렸으니 더 이상 어머니의 꽃분홍색 치마에도 인상을 쓰는 법은 없었다.

봄비가 '후두둑' 창문을 두드린다. 베란다 쪽에서 빗물이 조금씩 흐르더니 이내 '쏴아' 소리를 내며 빗줄기가 줄기차게 흐른다. 흙탕물에서 난리 난 미꾸라지 몸놀림이 떠오르는 건 아이러니컬하다. 미꾸라지는 주로 강 하류나 연못처럼 물 흐름이 느리거나 물이 고여 있는 곳에서 산다. 재빠른 몸짓으로 주위를 휘저으며 흐린 물, 더러운 물을 아랑곳하지 않는다. 더욱이 장호흡을 하는 덕분에 탁한 물에서도 수면에 직접 입을 대고 호흡한다. 그야말로 생존을 위해 모든 환경에 척척 맞춰가며 숨을 이어간다.

「미꾸라지 용 됐다」는 말을 듣던 자식이 힘들다고 찾아오면 어머니는 자식을 위해 바가지 전투를 시작한다. 바가지에 미꾸라지를 넣고 소금을 뿌리면 미꾸라지는 꿈틀거리며 먹은 것을 토해내고 점막이 변하기 시작한다. 둥근 바가지가 달그락 소리를 내기 시작하더니 이내 우당탕 요란한 잡음이 뒤섞인다. 마치 자식의 고난을 대신하기라도 하듯 열심이다. 그 모습을 멍하니 지켜보던 내가 자리를 뜨면 구수한 냄새가 집안을 덮는다.

어머니는 자신을 지키고 자식을 위하는 방법으로 이렇게 추어탕을 선택했다. 추어탕 한 그릇으로 속을 풀고 자식을 타지로 보내며 그저 잘되길 바라는 심정을 모아 세월 따라 에너지를 쏟아냈다. 세찬 손놀림으로 먹잇감을 몰아치던 어머니의 손은 어느덧 앙상한 뼈마디를 드러내고 있다. 그야말로 모든 걸 내어주는 추어탕을 그대로 닮아 있다.

사랑은 계절을 타고

해가 선명하게 떴다. 지평선 위로 환하게 얼굴을 보이며 사방에 빛을 내뿜는다. 마치 물속에서 불덩어리를 품고 올라와 하늘과 땅을 빛으로 연결하는 것처럼 순식간에 상황을 반전시킨다. 최악의 상황이 지나가고 나면 무언가에 도전이라도 하듯 하늘 높이 해가 걸린다. 그 강렬한 빛은 내 마음과는 상관없이 보란 듯이 수많은 이야기를 담고 계절을 이어간다.

봄은 멀리 시집간 맏딸을 더 그립게 한다. 엄마는 시집간 큰딸네 집으로 갈 채비에 한창이었다. 곱게 머리를 다듬고 평소 입지 않던 연분홍색 치마로 단장했다. 오랜만에 모녀간의 만남은 설렘으로 맞잡은 두 손을 놓지 않고 온종일 지나온 시간을 읊었다. 큰 딸은 엄마에게 하루만 더 머물다 가라며 잡았다. 엄마는 아버지 걱정을 했지만 기쁨의 시간을 하루 더 연장하고 싶었다. 하루를 더 늦춰 엄마가 집으로 돌아온 날, 아버지의 눈빛은 그 무엇으로도 막을 길이 없었다. 휴대폰이 없던 그 시절, 아버지의 사랑은 격정적인 아픔으로 보여줬다. 구름이 해를 가리고 비바람을 몰고 온 날이었다.

비구름이 사라지고 여름은 강렬한 빛으로 다가온다. 태양은 가장 높은 곳에서 뜨겁게 사랑을 고백한다. 땀으로 온몸을 쓰다듬고 보고픔을 밀착하며 그 열기가 식을 줄을 모른다. 무더위에 쏟아지는 땀은 어디 숨었다가 존재의 의미를 일깨우려는 건지 난감하게 나를 휘감을 때마다 검게 그을린 아버지의 굵은 땀방울이 떠오른다. 그의 더위는 언제나 전신을 감싸고 있었다. 깊게 주름진 이마에 맺힌 땀방울은 가족의 생존처럼 그에게 붙어 있었다. 노모와 처자식을 위해 양식을 구하려는 노력은 여름이 되면 여지없이 땀으로 흘러내렸다. 태양은 무뚝뚝한 아버지의 심성을 열기로 녹였다. 나는 여름 내내 가족을 위하는 아버지의 사랑을 눈으로 확인할 수 있었다.

가을은 붓을 들어 사랑을 그린다. 붓 끝의 움직임이 유연하도록 바람을 부르고 햇살에게 조명도 부탁한다. 아버지의 가을은 성실함이 최고조에 달한다. 양식거리를 모으기 위해 이른 새벽에 집을 나서면서 산 정상에 눈길을 주면 짙은 초록이 산언저리부터 물들기 시작한다. 여름을 보내는 가을바람은 서두르지 않는다. 바람과 햇살이 어울려 천지를 은은한 색으로 장식할 때즈음이면 옛 집 마당에도 가을색이 번져 있었다. 노랗고 붉게 물든 잎을 쓸어 담던 아버지의 뒷모습은 가을을 업고 있는 장군처럼 보였다.

아버지의 사랑은 겨울의 추위도 녹인다. 찬바람에도 깊게 주름진 이마에 땀방울이 맺히면 그의 부지런함은 가을의 사랑을 능가했다. 밭일을 마친 그의 몸에는 가족이 땀이 되어 휘감겨 있는 모양새다. 일하고 땀범벅이 된 셔츠를 벗으면 온몸에서 김이 올라와 용광로처럼 보였다. 낡고 색 바랜 내의를 벗고 우물가에 엎드리면 엄마 손이 등줄에 앉은 수고를 밀어낸다. 물줄기가 등줄을 타고 흐른다. 이때만큼은 무뚝뚝한 아버지의 얼굴에 미소와 환희가 겹친다. 엄마는 곁눈으로 아버지의 표정을 살피고 다시 물을 등줄기로 내리며 처음보다 더 길게 등 언저리를 어루만진다. 물방울이 주위로 튈 때마다 내 웃음도 함께 번졌다.

겨울의 태양은 가장 낮은 곳에서 우리를 비추며 갑자기 아버지와의 이별을 준비하게 했다. 듬성듬성 빠지는 머리카락을 말끔하게 정돈한 모습은 윤곽을 더욱 또렷하게 보여준다. 햇볕에 검게 그을리고 주름진 얼굴은 오간데 없다. 몹쓸 종양이 그동안의 고생마저 삼켜버린 모양이다. 살집 없는 얼굴이 맑고 매끈하게만 보인다. 거친 손마디마다 메말라 있어 손가락 거죽이 내 손에 닿자 그제야 뜨거운 것이 울컥 치민다. 마주잡은 손끝에 전율이 번진다. 미미한 온기를 살려내려는 엄마의 손길은 쉴 틈이 없다. 얼굴을 쓰다듬고 온 몸을 닦고 또 닦는다. 끝을 앎

둔 아버지의 삶에 온기를 이어가려고 당신의 체온을 부딪쳐 깨우고 있는 것이다. 빛은 조용히 낮은 자세로 겨울 내내 그렇게 우리와 함께 했다.

다시 봄이 찾아 왔다. 그 옛날 큰 딸네 집에 다녀오다가 하루 늦게 돌아왔다고 온 동네가 떠나갈 듯 치솟던 아버지의 분노는 더 이상 없다. 그토록 뜨겁게 엄마를 다그치던 눈빛은 아직도 생생하건만 이제는 지난 이야기가 되어 맴돌 뿐이다. 자식을 키우며 뜻대로 되지 않는다고 구석진 자리에서 새벽잠을 설치던 그 시간조차 이제 기억의 점이 되어 간다.

아버지는 엄마의 품에 조용히 안긴 채 스스로 빛을 닫았다. 따뜻한 기운이 사라진 육체는 차가웠다. 움직임 없이 투명한 빛으로 나와 마주하는 얼굴은 구름이 해를 가리듯 진중한 의식 속에서 평온하고 잔잔하게 보였다. 떠나가 버린 온기의 끝을 부여잡고 오열하는 가족들의 열기는 아버지를 다시 깨우지 못했다.

사랑은 계절을 타고 추억으로 흐른다. 온기로 버티는 일상이 추억이 될 즈음 모든 것은 제자리를 찾아 아무 일도 없었다는 듯이 움직인다. 삶의 열정을 쏟았던 지난 시절의 뜨거움은 그저 마음속에서 살아 꿈틀거린다. 계절은 삶이 지치지 않도록 색을 바꾸고 온도를 달리하며 언제나 함께 한 사랑을 일깨워 준다. 나에게 사랑은 변함없이 찾아오는 봄을 닮았다. 다시 봄이다.

첫 무대

난생 처음 피아노 경연 대회에 참가했다. 그 때가 아홉 살이었다. 피아노를 시작한지 일 년이 채 안되던 시기였다.

피아노를 배우게 된 계기는 단순했다. 초등학교 시절이었다. 엄마는 친구들의 엄마에 비해 나이가 많고 옛날 방식이 익숙한 사람이었다. 친구들이 옷맵시를 자랑하며 자신감 넘치는 행동을 할 때, 나는 그들과 쉽게 어울리지 못했다. 어느 날, 선생님이 피아노를 배울 사람은 손을 들라고 했다. 한 반에 육십 명이 넘는 학생 가운데 손을 드는 사람이 없었다. 무슨 생각에서인지 나는 번쩍 손을 들었다. 집에 와서 엄마에게 피아노를 가르쳐 달라고 조르기 시작했다. 엄마는 냉랭했지만 그때 스물 세 살이었던 큰 언니가 내 편을 들어줬다.

처음으로 피아노 앞에 앉았다. 흰색과 검은색의 건반이 일렬로 정돈된 모양이 좋았다. 잘 갖춰진 빌딩 안에 앉아있는 도시적인 기분을 느꼈다. 뭔가 옛것에서 탈피한 기분이었다. 피아노를 배우면서 점점 친구들과도 어울리게 되었다. 나는 매일 피아노 학원에 갔다. 집에는 피아노가 없었기에 도화지 세 장을 길게 붙여서 피아노 건반을 그려 색칠한 후에 건반을 누르는 흉내를 냈다.

지금은 피아노를 배우는 게 대수롭지 않다. 누구든 맘만 먹으면 시도할 수 있다. 게다가 요즘 엄마들은 아이에 대한 깊은 관심으로 다양한 예체능을 접하게 한다. 그러나 내가 초등학교 다닐 때는 지금과 사정이 사뭇 달랐다. 몇몇 친구들은 음악이나 미술 등을 배웠지만 먹고 살기 바쁜 집안에서는 오히려 야단을 들었다. 무엇보다 친구들의 엄마는 피아노 학원을 찾아와서 선생님과 얘기를 나누기도 했지만, 나에게 그런 일은 없었다.

그 시절, 나는 첫 무대의 홍역을 겪게 되었다. 피아노를 배운 지 얼마 되지도 않았는데 모두 피아노 경연 대회에 참가한다고 해서 나도 덩달아 준비했다. 피아노 지정곡 가운데 클레멘티M. Clementi가 작곡한 소나티네 12번Sonatine No.12 in D-Dur op. 36-6곡을 선택해서 연습했다. 처음에는 서툴고 실수도 많았다. 매일 반복하다 보니 어느새 눈을 감고도 연주할 수 있을 것만 같았다.

드디어 피아노 경연 대회의 날이 왔다. 엄마는 아침 일찍부터 내가 입고갈 옷을 다림질하고 있었다. 자세히 보니 둘째 언니가 합창단원으로 활동할 때 입었던 단복이었다. 흰색 상의에

청색 치마로 이어진 원피스였는데 소매 단에는 프릴이 달려 있었다. 몇 년이나 지난 옷이었지만 깨끗했다. 나의 평상복을 떠올리면 기뻐할 일이었다. 게다가 평소의 부모님 옷차림을 생각하면 내 옷 투정을 할 생각은 애당초 없었다.

피아노 경연 대회는 시내 호텔에서 열렸다. 집에서 버스로 삼십 분 정도의 거리였다. 대회장까지 갈 때는 선생님과 부모님, 친구들 모두 함께 이동했다. 친구들은 새 옷에 새 구두를 신고 있었다. 몇 명은 하얀 드레스를 입고 머리에 리본을 달고 있었다. 그들은 엄마와 함께 버스에 올랐지만 나는 혼자였다. 엄마는 버스 창 밖에서 손을 흔들며 나를 배웅했다. 친구들은 연신 웃으며 떠들어댔지만 나는 조용히 말이 없었다.

대회장에 도착했다. 우아한 분위기에 반짝이는 샹들리에와 발끝에 닿는 폭신한 카펫에 눈이 휘둥그레졌다. 마음은 어느새 들뜨기 시작했다. 친구들과 여기저기 뛰어다니며 구경했다. 모르면 용감하다고 단독 무대에 서 본 경험이 없었으니 두려울 것도 없었다. 이내 피아노 경연 대회는 순서대로 진행되었고 곧 내가 무대에 설 차례가 되었다. 그런데 '아뿔사' 악보가 전혀 기억나지 않았다. 눈을 감고도 칠 수 있을 만큼 연습했던 곡이 아니었던가.

걱정을 넘어서 두렵기 시작했다. 선생님은 분주하게 움직였고 친구들 곁에는 그들의 엄마가 함께였다. 나는 혼자서 준비해

온 악보도 없이 덩그러니 앉아 있었다. 선생님께 울먹이며 악보가 전혀 기억이 나지 않는다고 말했다. 선생님은 피아노 앞에 앉으면 저절로 생각이 날 테니 염려하지 말라는 말만 던지고 어디론가 사라졌다. 걱정은 감정을 건드리며 나를 대혼란 상태에 빠뜨렸다. 당장 눈물이 흘러내릴 기세로 얼굴은 구겨지고 감정이 북받쳤다. 궁전처럼 호화로워 보이던 대회장의 분위기는 더 이상 아름다운 신천지가 아니었다.

눈물범벅이 된 얼굴로 무대 위에 올랐다. 무대에 오르기 전, 선생님은 내게 격려의 말을 건넸지만 나는 어떤 말도 들리지 않았다. 외로움과 두려움 뿐 이었다. 그 고통은 무대에 올라 피아노 의자에 앉는 순간까지 이어졌다. 아홉 살 아이의 마음에 이삼 분의 거리는 열배 이상의 시간으로 느껴졌다. 피아노 연주가 시작되고 나서 어떻게 곡을 마무리하고 내려왔는지 전혀 기억이 없었다. 무대에서 내려온 후, 내게 건네는 말들은 모두 허공 속에 날아갔다. 그날 나는 장려상을 수상했다. 참가자 전원이 상장을 받았으니 일종의 참가상이었던 셈이다. 친구들은 상장과 트로피를 들고 사진을 찍으며 웃고 있었지만 나는 눈물만 흘렸다. 집으로 돌아가는 것은 각자의 몫이었는데 나는 재빨리 인사하고 먼 길을 뚜벅뚜벅 걸어갔다.

피아노는 초등학교를 졸업하면서 그만뒀다. 마지막으로 참가한 대회는 부산에서 개최되었던 피아노 경연 대회였다. 엄마는 나를 혼자 보내지 않았고 나는 연주할 악보를 챙겼다. 그동안 몇 번의 무대 경험이 있었기에 스스로 할 일을 찾아서 할 수 있었다. 무대 위에서는 언제나 떨렸지만 그 어떤 무대도 첫 무대의 경험만큼 심하진 않았다. 나는 엄마 앞에서 모차르트W.A. Mozart가 작곡한 피아노 소나타 16번Piano Sonata No. 16 C major K.545곡을 연주하며 최우수상을 수상했다.

첫 무대에서의 경험은 내게 예방접종 같았다. 뒤로 물러설 수 없는 극한의 떨림을 조절하고 혼자서 앞으로 나가야하는 것이었다. 지금은 사회생활을 하면서 크고 작은 무대에서 의견을 펼칠 때가 종종 있다. 그럴 때마다 철저한 준비와 연습으로 임한다. 첫 무대의 기억은 지금까지도 나를 단련시키고 있다.

붉은 숨결

붉은 숨결

햇살이 바람에 부딪쳐 아래로 떨어진다. 경상북도 상주시 이안면에 위치한 상주옹기장에 들어서면 발끝에 닿는 흙 마다 생동감이 느껴진다. 이곳은 백년의 시간을 넘어 전통적인 방법으로 옹기를 제작하고 있다. 무형문화재 상주옹기장 정대희 선생은 6대째 그 맥을 이어오고 있다. 옹기 이외에 차茶 도구에도 관심을 갖고 찻사발의 작품마다 이름을 붙여 생명을 부여한다. 호기심에 이끌렸다.

상주옹기장에 들어서자 황금빛을 띤 황옹이 아낙의 치마폭처럼 펼쳐져 있다. 옹기마다 인간의 손으로 빚어낸 오묘한 자태는 감탄을 자아내게 한다. 여기저기 움틀 거리는 흙을 딛고 나무 장작이 겹겹이 쌓여 있다. 길 가장자리로 깨진 사발이 바닥을 딛고 있는 모습도 눈에 띈다. 문득 일상에 지쳐 느슨해진 마음에 뜨거운 기운이 전해온다. 삶의 희로애락은 사발을 빚는 과정과 같으리라. 눈길 닿는 곳마다 지나온 시간이 겹쳐 떠오른다.

그냥 이뤄지는 게 없었다. 마음 속 뜨거운 열기를 담고 한 걸음씩 나아가야만 했다. 대학을 졸업하고 직장을 구하기까지 과정은 어렵고 힘들었다. 하나의 완성은 삶의 일부에 불과했다. 삶 속에서 마음을 의지할 동반자를 만나고 함께하는 열기 속에 자식도 태어났다. 겨우 백일 된 아이를 맡기고 경력을 쌓으러 홀로 먼 길을 떠났다. 무시무시한 외로움의 무게가 나를 덮쳤다. 삶은 고독 속에 끊임없는 인내를 요구했다. 아이가 첫 돌이 되기 전 병원에 입원시키면서까지 구직의 몸부림은 치열했다. 그때 내 인생의 사발은 조각난 덩어리를 붙여서 만든 것처럼 초조하고 불안했다. 어설픈 엄마와 아내 역할에도 삶은 모난 것을 두들겨 맞추며 이어가게 했다. 때로는 일의 높은 완성도와 가족의 요구가 맞물리면 관계는 틀어지고 지쳐만 갔다. 깨진 사발 마냥 엉성하게 구겨진 모습으로 얼마나 울었던가.

바람이 나를 휘감아 시선을 이끈다. 흙을 반죽한 덩어리가 눈에 띈다. 사람 몸피보다 큰 뭉치가 비닐에 덮여 있다. 또 다른 한쪽에는 모양을 갖춘 사발이 헐벗은 본연의 자태로 바람을 쐬고 있다. 힘들고 긴 여정을 앞두고 숨고르기라도 하는 모양이다. 나의 지나온 시간들을 헐벗은 사발에 반추해 본다. 인내를 익히며 서두르는 법이 없이 한 걸음씩 나아가는 모습이다. 발걸음을 옮기면서 처음의 무거운 마음은 오간데 없고 호기심과 열정으로 가득해진다.

사발은 도공을 닮았다. 고즈넉한 차실에 앉아 도공이 손수 만든 사발에 차를 격불擊拂하여 건네준다. 그 모습을 바라보니 윤곽 있는 얼굴에 부리부리한 눈동자의 광채가 사발의 깊은 그곳을 닮아 있다. 중심을 잡고 펼쳐진 콧날개는 흙의 기운을 떠받치는 형상이다. 흰 수염 아래 묻힌 입매는 옹골차다. 차를 건네는 투박한 손은 오십년 세월 한결같이 흙을 빚었음을 알 수 있다. 흙을 만지는 것을 천직으로 여기며 자식을 탄생시키듯 모든 사발마다 「호好사발」이란 이름을 붙인다고 한다. 토지土智 호사발, 잠용潛龍 호사발, 다선茶仙 호사발 등. 어느새 차 한 모금에 호사발의 일부가 되어 그의 이야기 속으로 빠져들었다.

사발은 좋은 나무를 태운 잿물로 흙을 감싸 생명을 부여받는다. 생기를 불어넣는 과정은 손과 발을 부지런히 움직여 숨이 차오를 때까지 계속된다. 흙과 물이 따로 뭉쳐있지 않도록 빈틈없이 치대어 반죽에 공기가 스며들지나 않을까 노심초사한다. 고운 모양과 반듯한 형태를 유지하기 위해 힘든 작업이 계속된다. 각고의 노력으로 만들어진 반죽은 부드러우며 찰지다. 흡족하게 반죽이 완성되면 허리를 펴고 달을 쳐다본다는 도공의 눈빛이 비장하다. 계속된 도전과 실패 이후의 성취감 같은 심정이리라. 삶을 이끄는 자세는 온갖 정성으로 반죽을 빚어내는 마음과 같다. 이야기 속에서 내가 도공이 되어 인생의 사발을 빚는 생각에 잠긴다.

달 밝은 밤에 염원을 담아 물레를 잡는다. 찰진 반죽이 손바닥과 손가락 사이를 미끄러지듯 지나가다 사발을 빚으려고 물레를 잡았지만 세상 심보가 파고든다. 순간 형태가 일그러지고 잘 돌던 물레가 멈춘다. 다시 물레를 잡고 힘주어 매만진다. 손끝이 보드라운 살결을 만지듯 떨린다. 물레를 움직여 손으로 모양새를 잡아간다. 잘록하고 둥글게 채울 곳과 비울 곳을 살피며 어루만진다. 이마에서 흐르는 땀이 콧등을 타고 내려와 손등에 떨어진다. 이미 눈빛은 사발과 일체가 되어 있다. 물레를 돌리고 돌려 맘 속 깊은 꿈을 사발에 각인한다.

사발에 담긴 소망이 바람과 만나면 생명이 꿈틀대기 시작한다. 어느 한쪽으로 치우쳐 과하거나 부족함이 없어야 한다. 거칠고 강한 바람에 말리면 갈라지거나 눈에 보이지 않는 실금이 생긴다. 너무 부드러워도 원하는 작품을 얻지 못한다. 결과는 과정의 흔적이다. 살아가면서 일이든 가족이든 한쪽에 치우치면 다른 쪽이 나를 두들긴다. 수많은 도전과 실패를 반복하며 한 걸음씩 나아가지 않았던가. 일상의 지쳐있던 마음에 뜨거운 열기가 번진다.

머리에서 심장으로 자연의 숨결이 전해진다. 이제는 온전히 헐벗은 자태로 불의 혼을 담아 뜨거워질 차례다. 가마에 사발을 넣고 불을 지핀다. 바람과의 조화를 잘 이루도록 두루두루 살펴 보아야 한다. 화기와 사발의 상태는 물론 공기의 흐름까지 면밀히 관찰해야 한다. 화신의 품에 안긴 사발은 모든 것을 초월한 의연한 자태로 불의 혼을 휘감는다. 한 걸음씩 나아가며 기다릴 뿐 최선을 다하고 결과를 기다리는 마음에 초조함은 없다.

사발에 담긴 그윽한 차향이 마음을 어루만진다. 도공의 이야기는 고통과 인내의 끝에 경험하는 환희를 생생하게 전해주었다. 내가 지금 하는 일을 갖기까지의 모든 과정이 되살아났다. 뭉클한 마음에 눈을 들어 방안을 둘러보니 호사발에 눈길이 닿는다. 붉은 숨결이 그대로 튀어나올 것만 같은 생명력을 느낀다. '쿵쿵' 내 가슴이 고동치기 시작했다.

생명이 깃든 사발은 숨을 쉰다. 사발에 자연의 혼을 담아내는 한국 장인의 모습은 참으로 아름답다. 온몸으로 땀을 흘려 전통의 숨결로 빚은 사발은 마치 삶의 그릇처럼 마음을 담은 형태로 빚어지리라.

낙엽이 되어

가을이 시작될 즈음, 나는 이미 낙엽이었다. 병상에 누워 일상을 떠올리는데 오만 가지 생각이 부스럭거려 구겨진 몸이 마른 잎 같다고 여겼다. 그렇게 느낀 날은 햇살 아래 초록 잎이 유난히 눈부신 오후였다.

아침부터 목 안이 불편하다. 침을 삼킬 때마다 따끔거리고 목에서 둔탁한 쇳소리가 튀어나온다. 지난주부터 몸을 살피지 않고 무리하게 업무를 진행하여 탈이 난 것이다. 며칠 전 퇴근길에 병원을 찾았지만 쉬어야 할 때를 놓쳐 더 바쁘게 움직였으니 육신이 나를 혼쭐 낼 모양이다. 온몸이 낙엽처럼 주저앉았다.

바늘이 혈관을 찾아 수액과 이어준다. 느린 속도로 떨어지는 수액은 맥박의 리듬과 엇박자로 엉키면서 낙엽에 묘한 생기를 불어넣는 듯 착각하게 한다. 혈관을 타고 흐르는 액체의 기운이 느껴진다. 낮은 숨을 내쉬며 눈을 감아 보지만 마음은 편하지 않다. 몸을 뒤척일 때마다 바스락거리는 소리가 거슬린다. 그 소리를 멈추려고 가만있으면 옆 병상에서 들려오는 기침 소리와 속내가 망가진 이상야릇한 인체 소음이 더욱 신경을 곤두서게 한다. 나보다 더 심한 낙엽 한 장이 누웠다고 생각하니, 그야말로 이곳은 마치 거리의 소음과 낙엽을 쓸어 모아둔 것 같다.

잠들지 못하니 온갖 복잡한 감정이 고개를 든다. 업무상 전화가 올까봐 신경 쓰이고 마감을 늦춘 서류가 걱정되어 머릿속은 계속 동굴을 만들어 간다. 아예 그 동굴 속에 갇혀 세상 밖으로 나오고 싶지 않다는 생각을 하다가도 현실과 연결된 갖가지 미련이 고개를 들기도 한다. 수많은 생각이 통증에 무게를 더한다. 강압적으로 잠을 청해본다. 도대체 왜 이지경이 되었는지 생각하는데 창가 너머 초록 잎과 눈이 마주친다.

일주일의 움직임이 허리를 조여 맨 벨트 같다. 월요일은 정해진 계획대로 허리띠를 한 칸씩 동여매듯 자동적이고 능숙한 업무 처리를 요구한다. 아침부터 시작된 회의는 간간이 뒤섞이는 마찰과 불협화음을 해결하기 위해 분주하다. 화요일이 되면 지난 회의에 무게를 더한 심층 회의가 다시 열리고 계획서에 결과보고서까지 마감을 독촉 받는다. 수요일에는 아들의 가라앉은 표정을 봤지만 곧 중요한 행사 준비로 그 마음을 보듬어 줄 틈을 허락하지 않는다. 목요일에 딸의 학교 안내장에 적혀있던 도시락을 떠올렸을 때는 이미 머릿속이 새하얗게 경직된 순간이었다. 금요일까지 달려오면 뭔가 여유롭고 우아한 시간의 한 조각이 남아 있어야 하건만 언제나 부산스럽다. 나는 그렇게 바쁜 하루가 햇살에 빛나는 초록 잎이라고 생각했다.

일상은 늘 서두르고 벅찬 보폭이었다. 싱싱한 나뭇가지에 무성한 잎을 뽐내며 높은 바람을 느끼고 싶었다. 그 마음은 쉴 새 없이 나를 움직여 발걸음을 떼면 오른 발이 땅에 닿기도 전에 왼발이 허공을 질러 앞서가게 했다. 걸음을 지속하면 어딘가 도착해 있고, 또 다음 걸음을 내딛으면 그 보폭만큼 거리를 높였다. 그야말로 초록 잎은 낙엽이 되어 떨어지지 않으려 발버둥이었다.

먼 길 출장을 다녀오는 길에 이상한 기운을 느꼈다. 온몸에 한기가 전해져 오더니 식은땀이 순식간에 흘러내렸다. 심각하다고 생각한 순간, 속에서 신물이 울컥 올라오는데 금방이라도 식도를 타고 오를 기세였다. 나는 고속도로를 달리고 있었고 여기서 큰일을 치르게 생겼다고 여긴 순간, 핸들을 두 손으로 움켜쥐었다. 정신이 육체를 조절할 수 있도록 알 수 없는 말을 되뇌며 주문을 걸었다. 동대구에 들어서면서 조금만 더 버티자고 생각한 찰나, 신호등 앞에 멈추자 오물이 쏟아졌다. 당황할 틈도 없이 역한 냄새와 함께 무슨 일이 벌어졌는지 제정신이 아니었다. 늦은 밤, 나에게 격한 반항이라도 하듯 속을 뒤집어 놓은 사건은 결국 이렇게 병원 신세를 지게 한 것이다.

수액이 온몸에 번져 생각의 끝이 흐려지더니 스르르 꿈속으로 빠져든다. 어지러운 생각이 무자비하게 회오리바람을 일으킨다. 그 생각은 어젯밤 뱃속에서 빠져나온 오물과 뒤섞여 공격적으로 나를 눌러 떨어뜨린다. 내가 바닥에 붙은 낙엽이 되어 있지 않은가. 누운 채로 올려다보니 모든 것이 내 위에 있다. 나를 세워 높이려던 초록 잎은 어디에도 없다. 다만 놀란 눈으로 몸을 웅크리고 울먹이는 내가 있을 뿐이다. 허망하다. 창밖의 햇살에게 다가가려 손을 뻗어 보지만 허공만 휘젓다가 움찔 놀라 눈을 뜬다.

병상에 누워있는 나는 꿈에서 본 낙엽 그대로다. 아직 가을은 시작하지도 않았는데 초록 잎을 잃어버린 망망한 존재의 허무를 깊이 느낀다. 무엇을 위해 달려왔고 또 무엇을 위해 달려가고 있는지 거듭 생각한다. 열심히 살아가고 있는 시간 속에 내가 잊고 지내는 것은 무엇일까. 삶의 무게에 짓눌려 무심코 지나쳐 버린 일상이 정작 초록 잎은 아니었을까. 삶은 나뭇잎처럼 바람의 크기에 따라 잎이 흔들리고 기온에 따라 색이 변하면 언젠가 거름이 되어 다시 초록 잎으로 싹을 틔울 것이다. 생각이 거듭되자 내가 낙엽이 되어 떠올리는 모든 것이 의미있게 다가온다.

수액이 가는 선을 따라 온몸을 훑고 지나간다. 생기 잃은 잎에 영양분을 채워주는 냥 전신에 힘을 실어 나른다. 지금, 내 삶에 일정한 보폭을 조절해야 한다고 생각하는 순간, 뜨거운 것이 목젖에 차오른다. 누가 볼까봐 눈길을 돌리는데 눈부신 햇살이 가을 길을 열고 있다.

깃발

주춤거리는 심정일 때가 있다. 옳은 선택이 무엇인지 알아차리지 못하고 헤매게 되거나 가 본 적이 없는 길 앞에서 두려움을 느낄 때가 그렇다. 크고 작은 일을 쉽게 결정하지 못할 때면 당혹감마저 든다. 선택의 갈림길에서 생각의 깊이를 더해 움직이려 하지만 뜻대로 되지 않아 난감하다. 좀처럼 상황은 쉽게 내 편이 되어 주지 않는다. '어쩌면 좋을까.'

낌새가 이상하다. 호탕하게 주위를 흔들던 목소리가 잠잠하다. 여느 때 같으면 우렁찬 독백이 쉴 새 없이 쏟아졌을 텐데 바람이 사라진 뒤 고요함에 묻힌 깃발 같다. 분명 낮에 봤던 그의 모습과는 사뭇 다르다. 이 상황을 어찌하면 좋을지 머릿속이 복잡하다.

오늘은 꼭 거절해야 한다. 평소 잘 아는 M선생이 중요한 직책을 맡게 되면서 함께 일하자고 한다. 정중한 부탁도 아니고 당연하게 내뱉는 말투에 미간이 찌푸려진다. 지금 내 업무의 정도와 크기를 알고 있을 처지인데 일방적인 제안이 달갑지 않다. 속내는 어림도 없다고 생각하고 진짜 마음을 전할 기회를 엿보고 있다. 이대로 있다간 그가 휘두르는 깃발에 다칠지도 모른다. 마음이 편치 않다.

그는 낮부터 수많은 사람 앞에서 열변을 토한다. 평소의 목청이 더욱 커지면서 청중을 훑어보는 눈빛은 날카롭고 입가에는 웃음기가 만연하다. 자신감 넘치는 목소리에 꼿꼿한 자세를 바라보고 있노라니 흡사 힘차게 펄럭이는 깃발 같다고 생각한 것은 그 순간이었다. 풍향을 따라 화려한 몸짓으로 허공에 길을 만드는 모습처럼 비쳤다. 한참을 바라보자니 깃발을 흔드는 바람의 존재가 떠오른다. '그렇다. 깃발은 혼자 움직일 수 없지 않은가.' 중심을 잡아주는 깃대와 바람의 힘이 조화로울 때 흔들린다. 중요한 건 바람의 세기와 방향에 따라 그 모습이 더욱 분명하게 인식된다는 점이다.

바람에 펄럭이는 강도가 커질수록 그의 눈빛은 번뜩인다. 어디 그뿐인가. 강연이 끝난 후, 회의 석상에서는 사람에 따라 말끝을 자르기도 하고 맞장구를 치기도 한다. 굳이 말하지 않아도 되는 사안에 흠을 끄집어내어 무안을 주기도 한다. 깃발은 점점 위로 올라갈수록 강풍에 이끌리는 추임새가 위압적이더니, 급기야 위에서 떨어져 나갈 정도로 세찬 몸짓이다. 높은 위치와 바람의 세기에 따라 더욱 예민하게 반응하는 게 느껴진다. 어찌 되었건 나는 오늘 꼭 거절해야 한다.

회의가 끝날 즈음, 그를 만나려고 사무실로 찾아갔다. '분명히 거절해야 한다.'고 할 말을 몇 번이고 머릿속으로 되뇌며 문을 열었다. 얼굴을 보자마자 속사포 언변을 쏟아내며 내 말은 들으려고 조차 않는다. 흐물흐물하게 웃어넘기는 표정이나 우렁찬 목소리에 말문이 막힌다. 몇 마디 내뱉기도 전에 또 회의가 있다며 대화를 중단하고 일어서는 바람에 마침표가 뭉개져 버린 꼴이다. 그렇다고 이대로 물러설 수 없다.

작심한 생각을 매듭지으려고 퇴근길에 다시 만났다. 펄럭이는 깃발이 내 앞에 앉으려다 테이블에 몸이 부딪쳐 잔이 흔들린다. 업무에 지친 표정이 역력하다. 그의 하루 끝은 해가 지나간 달빛의 어스름한 그림자를 닮았다. 내가 먼저 입을 열었다. "일을 함께 하기 어렵습니다." 차마 하고 싶지 않다는 말을 못해 둘러댄 것이 냉수에 소금을 탄 듯 짜다. 깃발의 펄럭임이 가라앉아 있다. 어둠 속에서는 깃발이 펄럭인다고 한들 눈길을 주는 이도 없지 않은가. 늦은 저녁시간 창가에 비친 그의 모습은 고요하다.

그가 조용히 말문을 연다. 위압적이지 않다고 느낀 순간, 내 손에 깃발이 옮겨진 기분이다. 낮에 봤던 기세등등한 모습은 사라지고 찬찬히 내 말을 들어주며 공감하고 있다. 생각지 못한 상황 전개에 복잡한 심정이 된다. 대화 속에서 깃발의 처지가 난처하다는 걸 이내 짐작한다. 지금껏 거절해서 옳았던 적도 있지만, 차마 거절하지 못한 일이 큰 성과를 낸 경우도 있다. 그의 이야기를 듣고 있는데 지난 시절이 떠오른다.

대학시절, Y교수의 요청으로 동물실험을 도왔다. 매일 쥐를 관찰하고 데이터를 기록하는 일은 참기 어려웠다. 정작 실험보다는 동물실험실의 악취와 어두운 분위기에 좀처럼 익숙해지지 못했다. 쉬는 날도 없이 맡은 업무를 관찰하고 기록해야 했다. 딱히 장학금을 받는다거나 내가 하는 일에 대한 보상은 전혀 없었다. 거절할 수 없었기에 그냥 했다. 그렇게 시간이 지날수록 나는 더 많은 사람의 부탁을 받아 다양한 연구에 익숙해지고 있었다. 거절하지 못해 생긴 일로 자연스럽게 나의 미래를 계획하기 시작한 것도 그 즈음이었다.

거절하지 않고 한 단계를 밟고 오를 때마다 얻은 거만큼 잃는 것도 있었다. 공부를 한다고 늦어진 결혼과 육아를 감당하며 직장을 갖기 위한 노력은 계속되었다. 아내와 엄마의 자리를 지키며 일을 병행하려는 의지가 클수록 모든 부탁을 받아들였다. 이런저런 요구에 응하다 보니 정작 내 업무에는 차질을 빚기 일쑤였다. 좋은 결과를 위해 받아들인 일이 득 되는 거 없이 끝날 때는 허무했다. 원하는 만큼의 성과가 나오지 않아 애타는 동안 또 다른 일을 넘겨받으면 괜한 짜증은 가족의 몫으로 돌아갔다.

그 뿐만이 아니다. 직장을 갖고서는 사회생활에 익숙해지는 게 힘들었다. 바쁜 업무 틈에도 매서운 바람과 깃발을 타고 쏟아지는 무수한 일을 거절할 수 없어서 매일 휘청거리는 나날이었다. 혹여 힘든 맘을 털어놓으면 누군가는 욕심 때문이라고 말했고, 또 다른 이는 그 정도로 꾀병을 부리냐며 핀잔을 줬다. 그 어려움 속에도 거절하지 않고 열정을 쏟은 일의 성과가 좋으면 내게도 기분 좋은 바람이 스치기도 했다.

깃발이 하늘을 가로지르는 기분은 근사하다. 그 느낌에 매료되고 나면 가능한 좋은 결과가 나오도록 최선을 다하고 매사에 성실하게 임하게 된다. 돌이켜 보면 어려운 일에 부딪힐 때마다 해결책을 찾는데 게을리하지 않았다. 지금 나는 어쩌면 좋을까. 그는 자신을 드높일 크고 작은 바람을 모으고 있는지도 모른다. 바람이 함께 하지 않는 한 그저 장식품에 불과할 테니 말이다.

창가에 바람이 일렁이더니 힘들게 거절한 마음이 다시 내게로 향한다. 어렵사리 뱉은 말은 빙빙 돌아 다시 제자리다. 받아들여야 할 것인가. 거절해야 할 것인가. 도무지 답이 보이지 않는다. '순리에 따르는 결정은 무엇인지….' 어둠 속에서 세찬 바람이 일렁이더니 다시 깃발이 펄럭인다.

낯선 이와의 대화

낯선 이와 대화해 본 적이 있는가. 기다림을 줄이는 방법이 되기도 하고 새로운 앎의 시간이 되어 신선하게 느껴지기도 한다. 낯선 곳에서 처음 만난 사람이 내게 말을 건넨다면 나는 어떻게 할까.

"안녕하세요? 같은 학교에 지원했나 봐요?" 바로 옆에서 비슷한 또래의 여성이 서로 주고받는 대화다. 이야기 속에서 자녀들의 대학 논술 시험을 기다리며 벌어지는 흔한 풍경이다. 왜 엄마만 오느냐, 남편은 돈 벌어야지 않느냐 등 소소한 일상 이야기가 이어진다. 바로 곁에서 두 사람은 서로 간식을 주고받기도 하며 쉴 새 없이 이야기를 나눈다.

한참을 이야기하다가 한 여성이 "전화번호 공유할까요?"라는 질문에 상대방이 멈칫한다. 당황스러워하는 표정이 역력하다. 말까지 버벅거리며 "이걸로 끝내는 게 좋다고 생각해서요."라며 다른 여성이 대응한다. 전화번호를 물었던 여성은 겸연쩍은 듯 이내 다른 화제로 대화 내용을 바꾸어 이야기를 이어간다. 거절한 사람도 답을 얻지 못한 사람도 모두 목청 끝이 흔들린다.

낯설음을 받아들이는 데는 충분한 시간이 필요하다. 준비되지 않은 내게 불쑥 다가오는 이의 친절은 당혹감을 주기 마련이다. 마치 처음 함께하는 공간 속의 낯선 음악이 머릿속을 소용돌이치지만 그 음률도 일정 시간이 지나면 익숙해지는 것처럼 말이다.

나는 지금껏 얼마나 많은 이들과 속내를 나누며 이어져 왔을까. 대학에서 젊은이들을 바라보면 그들은 새로운 미래를 위해 끊임없이 도전한다. 시작은 낯설고 두렵기도 하지만 그들만의 방식으로 각자의 속사정을 나누며 의지해 나간다. 속내가 통하다가도 뒤돌아설 수 있고 통하지 않다가도 이어질 수 있다. 나는 그들에게 무조건 내가 살아온 길을 강요할 수도 없고 그렇다고 방관할 수도 없는 입장이다.

무엇일까. 마음의 깊이를 헤아리며 지금 내 일에 충실히 임하는 것. 그것이 최고의 순간. 후회하지 않는 해답을 얻으리라 본다. 나는 낯선 이에게 말 걸 용기도 없고 받아줄 말랑말랑한 여유도 없다. 이런 내가 새침데기마냥 얄미울까. 이런저런 생각 속에서 나 역시 조금 전, 낯선 두 여성의 대화나 그 심정이 이해된다.

낯선 이가 내게 말을 걸어온 적이 있는가. 무엇이 옳고 그른지에 대한 이성적 판단보다 마음 닿는 대로 서로 대화로 공감했던 기억 말이다. 삶이 예측하기 어렵게 바뀌고 있는 시대 속에서 인터넷 속의 무분별한 반응이 때로 위로가 되기도 하지만 칼날이 되어 날렵하게 마음에 혈흔을 묻히기도 한다. 일상에서 낯선 이가 나에게 호감을 갖고 이야기를 걸어온다면 우리는 무엇을 떠올릴까.

정지된 액자 속을 드나드는 삶

오늘따라 정지된 모습이 새롭다. '나'가 아닌 '남'이 보인다. 멈춰선 곳에서 나의 시선을 따라 남의 이야기가 마음에 담긴다. 바쁘게 내용물을 가방 속에 챙겨 넣으며 발걸음을 옮긴다. 동대구역으로 들어서면 다른 곳에는 눈길도 주지 않고 서울로 가는 승강장을 확인한다. 사람들 사이를 지나 익숙하게 플랫폼에 다다른다.

정해진 선로에서 움직이는 플랫폼은 액자와도 같다. 지정된 곳에서 새로운 모습이 연속적으로 일어난다. 문득 건너편 플랫폼의 광경이 그림처럼 보인다. 기차가 오기 전에는 정물화 같은 모습이지만 기차가 들어와서 승객을 싣고 지나가면 새로운 장면으로 바뀐다. 익숙한 광경에서 또 다른 발견은 잠시의 여유에 기쁨을 더하며 정지된 모습으로 비춰지는 플랫폼이 오늘따라 더욱 새롭다.

사람들의 움직임은 연속적으로 연결된다. 에스컬레이터를 타고 내려와서 액자 속으로 들어가면 인물이 구성되고 내용이 만들어진다. 한 손에 자전거 바퀴를 빼서 들고 다른 한 손으로 자전거 몸체를 들고 걸어 들어오는 사람, 큰 가방을 이리저리 굴려가며 손에서 놓치지 않으려고 애쓰며 의자에 자리를 잡고 앉는 사람, 빨간 구두에 멋진 외투 위로 핸드백을 걸친 젊은 여성들로 채워진다. 그러는 사이 우렁찬 굉음과 함께 위압적인 몸부림으로 기차가 선로를 따라 들어온다. 일제히 고개를 한 방향으로 돌린다. 마치 내가 영화감독이 되어 정지된 액자 속을 이동하는 영화를 찍는 기분에 휩싸인다.

기차가 지나가고 나면 영화의 첫 번째 장면이 마무리된다. 그리고 또다시 새로운 인물들이 주인공으로 등장한다. 대본도 없고 스텝도 없이 모두가 주연이다. 가장 자신다운 모습으로 자유롭게 나의 렌즈에 포착되어 찰나를 선사하고 이동한다. 그런 생각에 빠져있다 보니 내 얼굴에서 입꼬리가 슬그머니 염치없이 물결을 탄다. 입꼬리가 움직이니 눈꼬리가 저도 보겠다고 미끄러져 내려온다. 그 사이를 막겠다고 콧날개가 옆으로 늘어지니 콧망울이 가라앉는다. 웃음이 터져 나왔다. 덕분에 서울에서 있을 회의에 대한 긴장감도 다소 가라앉는다. 문득 나는 어떤 정지된 모양새로 비춰질까 생각하고 나서 그제야 '나'를 바라본다.

올해는 유난히 서울 출장과 회의가 잦다. 내 차림을 보니 편안한 구두에 눈에 띄지 않는 검은색 외투를 입고 있다. 낯설고 긴장된 곳으로의 이동에는 편안한 차림과 진중한 마음을 챙긴다. 옷차림이 신경 쓰여 일을 그르치고 싶지 않기 때문이다. 회의석상에서 튀지 않는 모습으로 단호한 내 의견이 튕겨 나오지 않게 하는 나만의 비법이다. 대신에 나의 바쁨은 가방 속에 가득하다. 가방 속을 보니 서류 하나하나가 내 모습으로 들어가 있다. 반듯하게 컬러 인쇄된 서류는 클립으로 고정되어 투명한 파일에 감싸져 빈틈없이 완벽하다. 그 옆에 까만 글씨에 빨갛고 파란 글씨와 함께 형광펜까지 더해져 희한한 형태로 뭉개진 파일도 있다. 최고의 정점을 끌어내기 위한 생각의 연속을 이어놓은 나만의 동굴을 표시해 둔 파일인 것이다.

가방을 들고 있는 내가 사실은 가방 속에 담겨져 있는 것 같다. 때로는 당당하고 멋지게, 때로는 뭉개진 서류마냥 찌그러진 모습으로 나를 보는 것 같다. 바쁘다는 것을 증명이라도 하려는 듯 제각각 타당성을 붙여 부산을 떤다. 바퀴라도 달린 듯이 빠른 발걸음으로 움직인다. 나에 대한 생각에 빠져 있을 때 "픽픽 뿌우…."하며 요란한 소리를 내면 정지된 액자 속 영화를 절정으로 이끈다. 기차가 요동치듯 위풍당당하게 둥근 앞코를 내밀고 포물선을 그리며 다가온다. 매끄럽게 잘빠진 구렁이 같다는 생각을 한다. 지정된 탑승 구간 앞에 철커덕 소리와 함께 나를 맞이한다. 쇠판의 짧은 혀를 밀어내어 발판이 나오면 굳게 닫혔던 문이 열린다. 영화의 두 번째 장면이 끝나고 세 번째 장면이 시작되는 순간이다.

분명한 목적을 향해 멈추지 않는 질주는 계속된다. 세 번째 장면으로 펼쳐지는 기차 안의 여행은 나에게 새롭다. 내가 최고로 멋지게 사고할 수 있는 공간이다. 머리를 감정적 고통 속에 밀어 넣고 자유롭게 생각을 이어간다. 남들이 몰입이라고 표현하는 그 절정의 쾌감을 이곳에서 느낀다. 기차가 질주하기 시작하면 창밖의 온갖 풍경을 선사하며 스쳐 지나간다. 수많은 사람의 꿈과 희망을 싣고 한눈팔지 않고 달린다. 그저 묵묵히 앞만 보고 나아간다.

도착 시간이 다가오면 회의에서 발표할 내용들이 머릿속에서 어지럽게 충돌한다. 내리기 전에 가방 속에 있는 내 모습들에게 격려를 보내며 옷매무새를 가다듬는다. 서울역에 도착한다는 안내 방송과 함께 기차는 온갖 쇳소리를 뭉친 마찰 굉음을 토해낸다. 질주하는 삶에서 우리 모두가 주인공이 되는 영화 대단원의 막이 내린다.

우리는 정지된 액자 속을 드나드는 삶을 살아간다. 누군가 스치고 지나간 인생의 선로를 또 다른 누군가가 지나간다. 모든 것이 당연하고 익숙했던 이곳이 오늘은 남다르게 보인다.

나를 보는 거울

진정 자신을 얼마나 잘 알고 이해하는 걸까. '나 자신과 훌륭한 관계를 맺는다.'라는 톨스토이의 철학적 이해를 들으며 처음으로 성장을 꿈꾸는 내면의 깊이를 생각한다. 무심코 라디오에서 흘러나오는 이야기에 마음이 쏠리면서 단순히 속내를 들여다보는 것만으로는 아무 의미가 없다는 생각까지 다다른다. 그렇게 자아를 찾고 싶다고 느끼게 된 건 눈부시게 아름다운 붉은 노을에 쌓여 퇴근하던 길에서다.

'네가 있기에 내가 있다.'는 사실을 잊고 지내기 쉽다. 직장을 갖고 있는 엄마로서 문득 나를 바라보게 되는 것은 바쁜 일을 마무리하고 집으로 돌아가는 길에 자주 느끼는 감정이다. 결혼을 해서 남편과 함께 하기에 아내라 불리며 자식을 낳아 엄마라는 이름도 얻었다. 직장을 가지면서 직책도 붙었다. 그 외에 나를 감싼 수많은 유무의미한 이름 속에서 나는 스스로를 되돌아 볼 시간이 몇 차례나 있었는지 반문한다.

하루를 시작하며 엄마의 역할에 충실하고자 의지를 끌어당긴다. 매일 아침을 챙기는 일은 내 입보다 자식의 양식이 걱정되는 엄마라는 이름 때문이리라. 바쁜 일상에서 내가 할 수 있는 유일한 관심의 증표 같은 심정으로 하루도 빠짐없이 아침을 차린다. 때로 식탁이 간소해질 때면 그건 내 의지와는 상관없이 단지 업무의 무게가 나를 누르고 있기 때문이라고 이참에 속마음을 털고 싶다.

출근을 위해 자동차 시동을 거는 순간, 나는 다른 모습으로 바뀐다. 아침부터 분주하게 진행될 회의와 보고서, 어제 문제에 대한 해결책까지 복잡하게 어우러져 있다. 직장에 도착하기도 전에 한두 번의 전화와 문자는 이미 마음을 옥죈다. 대구의 신천대로를 이십여 년 가까이 달리면서 갑갑한 심정일 때면 아침마다 펼쳐진 풍경에게 너는 나를 아느냐고 되묻곤 한다. 묵묵부답인 그것을 뒤로하고 주어진 시간을 건너 그저 하루를 또 달린다.

같은 경치라도 맑은 날이면 선명한 하늘에 미소 짓지만, 금세 회색빛으로 물든 하늘 아래서는 아스팔트의 차갑고 메마른 느낌으로 가라앉는 심정이 된다. 이 모든 게 내가 존재하기 때문에 만들어지는 내면의 세계임을 인지하지만 매번 감정의 높낮이 조절에 실패한다. 차창 밖의 익숙한 풍경이 이런 저런 생각을 이끈다. 라디오에서 성장은 완결된 목표가 아니라 과정이며, 그 속에서 나타나는 변화를 이해하는 건 바로 성장을 받아들이고자 하는 노력이라는 말이 귓가에 울린다. 돌이켜 보면 지금까지 살아온 내 삶은 후회하지 않는 질주였다. 그것은 성장이라 말할 수 있을까.

미치도록 변화하고 싶었다. 무일푼으로 집안을 일군 부모님은 삶의 뿌듯함을 그저 자식으로 대신했다. 기억도 나지 않는 갓난 시절의 우리집은 초가집에서 기와집으로 다시 양옥집으로 이어지며 나도 함께 성장했다. 자식 공부시키는데 전력을 다한 부모님은 그들이 성장해서 독립할 나이가 되면서 혼란을 겪었다. 지금처럼 노을이 감싸는 시간이면 취해야 자신을 드러내는 아버지의 모습에 가족은 힘들었다. 그 누구도 그를 위로하고 이해하려하지 않았다. 상황에 대한 절규와 호통만 난무했다. 모든 것을 자식에게 쏟아 부은 아버지. 과연 스스로를 사랑하는 법을 알기나 했을까.

자신을 찾기 위한 울부짖음처럼 지금 내가 그 나이가 되어 삶의 공허함을 느낀다. 지금에서야 깨닫는 마음, 왜 아무도 아버지를 이해하려하지 않았을까. 정직한 하루로 한 평생을 지내온 그의 울분은 어디서 시작된 것일까. 자신에게 도달하기 위한 나름의 몸부림이었던 걸까. 지나온 의문 속에서 때론 무조건적인 근면성실함에 대해 냉철한 시각으로 바라보게 된다. 무엇이

건 정답은 없지만, 난 가끔 그렇게 올곧은 삶에 울분을 토하기도 한다.

진정한 성장의 답은 어디에 있는 걸까. 지금까지 노력이 무색하게 현실은 또다시 가시를 품은 채 마주하는 경우가 있다. 아이가 성장하면서 사춘기를 맞고 변화를 받아들일 준비도 없이 관계가 어긋날 때나, 남편과의 섭섭한 말이나 행동으로 눌러뒀던 원망이 폭발할 때가 그렇다. 그런 행동이 연속적으로 쌓일 때마다 어쩌면 존재하는 사랑은 과정 속에서 아픔과 슬픔이 겹겹이 쌓여 동여매진 덩어리 같다고 생각한다.

저녁 시간은 나를 되돌아보게 한다. 아침의 긴장을 내려놓고 하루를 지나기 전에 나를 다듬어 노을을 바라보는 건 오늘을 투영한 거울 같아 더욱 좋다. 성장은 목표의 완성을 의미하는 것이 아니라 지나온 모든 시간을 연결하는 과정을 품고 있다. 아침부터 저녁까지 이어지는 모든 것이 결국은 삶에서 내 나이를 업고 또 지나가야 한다.

톨스토이는 나를 알면 기쁨으로 치닫는 방법을 훨씬 쉽게 알게 된다고 말한다. 그의 '안나 카레니나' 작품 속에서 레빈이 벼 베기 작업 과정에 몰입하는 과정은 시간을 잊고 무언가에 집중할 수 있다는 건 존재하는 자신에 대한 진정한 사랑이라 말한다. 몰입하는 순간은 내가 얼마나 이기적으로 무언가에 사랑하는가를 느끼는 순간이라고 강조한다.

퇴근길에 만난 붉은 노을과 작가의 이야기에 취해 하늘 위로 그의 모습을 그려본다. 긴 수염에 위압적인 눈빛과 부리부리한 코를 가진 그는 백작 가문의 자제로 성장했다. 귀족 신분으로 재력과 권력을 누리면서 끊임없이 고민하며 진정 자신에 대한 성찰과 사랑을 깊이 있게 몰입하는 철학적인 삶을 꿈꿨다. 그야말로 평생을 어떻게 살 것인가에 대한 고민 속에서 세상을 떠났다. 현재 그의 자손이 약 이백 여명 가까이 있는 걸 보면 그의 고민 속 성장은 여전히 우리의 삶과 함께 지속되고 있는 건 아닐까.

시간의 흐름을 따르는 삶. 그 속에 존재하는 사랑은 결국 나에게 있음을 느낀다. 반백년을 지나는 인생에서 저녁노을은 여전히 떨림으로 다가온다. 뜨거운 기운으로 하루를 위로하고 내일을 기약하며 나에게 시간의 흐름을 이해하고 받아들이라 외친다. 노을을 마주할 때면 마치 나를 보는 거울을 대하듯 자아를 다듬는다.

고령의 빛

'나는 그들이 꿈꾸던 미래를 살고 있는가?' 아침에 스마트폰 알람으로 눈을 뜨고 전기 제품을 이용해 간편식을 먹고 자동차에 시동을 걸어 출근한다. 업무의 주요 내용이 컴퓨터에 기록되고 다양한 의견이 화상 회의와 전자 메일 등을 통해 전달된다. 나는 도시에서 온통 무채색의 전자기기에 휘둘려 살아가고 있다.

무채색 기계로 반복되는 하루는 내면의 발전보다는 정지된 삶의 연속을 느낀다. 그야말로 일상은 과열된 전자 방식 속에서 휴식과 충전의 꿈틀거림이 요구된다. 자아를 일깨우는 가장 멋진 방법 중 하나는 역사와 함께하는 여행이다. 대구의 고층 건물과 수많은 빌딩을 지나 시원스레 쭉 뻗은 고속도로를 달리면, 경상북도의 남서쪽 끝에 위치한 대가야 역사 속으로 나를 이끄는 빛줄기를 발견한다.

대가야의 햇살은 보석처럼 빛난다. 서기 400년경, 우리나라 최초로 철기 문화를 융성하게 발전시키며 찬란한 대가야의 문화유산을 품고 있다. 아름답다. 하늘을 우러러보면 대가야 옛 도읍지 역사와 지금을 이어주는 파란 빛깔이 더욱 눈부시다. 땅을 딛고 있으면 초록과 어우러진 생물체들의 움직임에 생동감을 얻는다.

대가야국으로 들어가는 날이면 나는 하늘색 빛깔이 잘 스며들도록 흰색 셔츠를 입는다. 초록의 생동감을 가까이 느끼려고 굽이 낮은 신발을 챙기고, 머리는 묶어 목덜미를 드러내어 가능한 햇살과 바람을 곁에서 느낄 수 있도록 한다. 이렇게 햇살을 따라 역사길 문턱에 들어서는 찰나는 숨 막히는 희열이다. 벅차오르는 감정으로 참았던 숨을 토해내는 순간, 내 눈 앞에 대자연이 펼쳐진다. 고령의 빛은 나를 역사 속 주인공인 그들과 친구가 되도록 자연스레 지산동 고분군으로 인도한다.

지산동 고분군은 대가야읍을 감싸는 산 능선을 따라 704개의 거대한 역사의 흔적이 담고 있다. 이곳은 대가야의 융성을 한눈에 볼 수 있는 하늘 산책길 마냥 신비롭다. 둥그스름한 고분군 모양새가 어찌 보면 하늘 끝에 닿으려고 깔아놓은 올록볼록한 초록색 양탄자 같다. 떨리는 마음으로 고분군 사이로 발을 내딛는 순간, 무채색 일상은 벗어던지고 역사 속 그들과 대화를 나눈다. 절망을 희망으로 슬픔을 기쁨으로 외로움에 위로와 격려로 나를 다독인다. 온전히 그들과 나만의 세계로 하나가 되는 기분에 전율을 느낀다. 능선을 따라 오르다 보면 빨주노초파남보 색깔의 의복을 차려입은 사람들이 온갖 꽃들과 어우러져 이동한다. 그야말로 대가야 무지개 동산을 떠올리게 하는 광경이다. 이 얼마나 아름다운가! 자연과 사람이 함께 역사와 지금을 연결하며 대가야를 가득 채우는 찬란한 무지갯빛! 역사와 함께하는 가슴 벅찬 희망을 바라본다.

대가야 옛 도읍지 고령은 역사 속 그들의 삶을 보여준다. 귀한 선물 꾸러미를 풀어 보이듯 천천히 능선을 따라 돌며 과거의 흔적을 되짚는다. 삶 속의 온갖 유적과 유물들을 바라볼 때면 내 머릿속은 이미 위엄한 자태의 그들 모습을 그대로 흉내 내고 있다. 잠시 대가야의 전성기 시절 주인공이 되는 상상은 나를 황홀하게 한다. 그 순간만큼은 역사는 과거가 아닌 지금의 나와 공존하는 일체의 기분을 맛본다. 지금을 받아들이는 것은 역사 속 그들의 미래를 열심히 살아가야 하는 이유가 되는 것이다.

몇 해 전, 고령을 처음 방문한 날을 생생히 기억한다. 일상의 모든 것에 지쳐 있었고 바쁘게 시간을 달음박질하며 지내던 때였다. 고령 대가야 시장을 들러 수구레국밥 한 그릇으로 허기진 배를 채우고 난 뒤 고령군청을 들렀다. 고령을 알리는 안내 책자를 챙겨서 나오는데 군청 건물 위로 쏟아지는 햇살에 눈이 부셨다.

좋은 기운을 감지하고 주위를 둘러보니 먼 산 너머 초록으로 펼쳐진 자연과 파란 하늘이 장관을 이룬다. 그 모습처럼 고령 지역의 마크는 초록과 파란색이 어우러져 「*go go goryeong*」이라는 문구가 새겨져 있다. Go! Go! 고령의 역사 속 그들이 지나온 흔적과 함께 지금 나의 힘찬 미래를 응원하는 기분이 들었다. 그 때부터 나는 무채색 일상을 떠나 역사 속 자연을 느끼고 싶을 때면 고령을 찾는다.

맑은 날에는 지산동 고분군의 하늘 산책길을 따라 걷고, 비 내리는 날이면 우륵의 가야금 연주와 화합하는 빗소리를 찾아간다. 가야금의 역사가 시작된 이곳에 비가 내리면 가야금을 창제한 악성 우륵 선생을 위한 빗방울 음악 축제가 열린다. 농작물과 초록 풀잎 끝에 맺힌 빗방울이 튕겨 떨어졌다가 맺히기를 수없이 반복하며 나를 기쁘게 한다. 축제 장터에 나온 빨간 딸기가 나를 보고 얼굴을 붉히면 수박 속 붉은 과육이 박장대소를 하며 한입에 안겨온다. 시원한 단맛에 흐뭇한 미소가 된다.

하늘을 보니 구름 더미가 길동무가 되어 있다. 그 길을 따라 우륵박물관에 다다르니 외관은 우륵이 가야금을 연주하는 형상과 흡사하다. 1년 12달을 의미하는 12줄의 가야금은 가야의 이름과 줄로 만들어져 붙여진 이름이라고 한다. 지극정성으로 만들어지는 가야금을 보고 있노라니 어디선가 자연의 온갖 동식물들이 노래를 부르며 가야금을 연주하는 냥 착각한다. 잠시 황홀

한 생각에 가만히 눈을 감고 앉아 있으면 아름다운 가야금 선율에 맞춰 그들만의 오케스트라가 연주된다. 역사 속 자연이 생명체와 함께하는 대가야 협주곡은 고령의 무지개 빛깔을 닮은 희망과 새로운 성장을 느끼게 해준다.

대가야 옛 도읍지 고령은 이처럼 역사의 수많은 흔적이 햇살이 되어 보석처럼 빛난다. 무지개 빛깔 자연으로 사람이 보석임을 알려준다. 자연의 햇살과 역사의 흔적이 우주를 돌아 태양 아래 한 줄기 빛으로 현재의 삶과 함께한다. 역사를 이어온 거대한 대가야의 자연은 고령 내 존재하는 모든 사람을 충분히 위로하며 힘차게 응원한다.

역사 속 그들은 얼마나 의젓하고 당당한가. 대가야를 돌아 집으로 돌아오는 길에 그들이 나를 배웅하는 모습은 포근하고 든든하다. '그들이 꿈꾸던 미래를 진정 내가 살고 있는가?'에 대한 질문에 말없이 침묵하며, 새로운 에너지를 채워간다. 나를 이끄는 빛줄기를 따라 그림이 되고 음악이 되는 대가야의 자연과 함께 희망찬 역사를 호흡한다.

달

"본심대로 살아간다." 혼잣말을 중얼거리며 내가 감당할 만한 일만 챙기고 모두 비운다. 이런 마음으로 하루를 시작하게 된 계기는 간절한 소망의 무게를 감당하지 못하고 터져버린 속마음의 흔적 때문에 생긴 습관이다.

꿈을 안고 하루를 시작한다는 게 무겁던 시절이 있었다. 뭔가 바라는 심정이 많으면 마음 주머니는 둔해서 쳐졌고, 자신 없는 일에 부닥치면 희망도 없이 텅 비어 버렸다. 철들고 미래를 준비하면서 대체로 나의 희망은 흔들리지 않고 모양 좋게 붙어 있었지만, 때때로 모든 것이 내 맘 같지 않을 때는 처참한 심정이 되어 하염없이 쪼그라들었다. 비참한 모습으로 저녁을 맞을 때면 달빛 아래 하염없이 눈물을 털어냈다.

돌이켜 보면 꿈을 향한 마음은 살아가는 이유 그 자체였다. 대학원을 졸업하고 직장을 구하지 못해 시간제 강사를 하며 전국을 누비던 시절이었다. 당시 나는 갓 돌이 지난 아이를 친정 부모님께 맡기며 친정살이를 하고 있었고, 남편은 자동차로 다섯 시간 남짓 달려야 하는 지역에서 직장을 잡은 터였다. 나는 시간제 강사로 이곳저곳 요청에 따르며 강의를 도맡았다. 시간이 지날수록 지쳐 갔지만 주위의 바람은 사그라지지 않았다. 현실은 좀처럼 뜻을 이루기 어려웠지만 그렇다고 포기할 수도 없는 심정이었다. 망막한 시간과 더불어 늘어지고 군데군데 터져 버린 자루 속으로 저녁달이 비췄다.

귀가하던 중이었다. 직장을 갖기 위해 면접을 본 후 실패를 맞본 지 며칠이 채 지나기도 전 일이었다. 지친 마음의 무게가 발끝에 뭉친 듯 자동차 페달을 밟는 순간 굉음이 어마어마했다. 낯선 도심 한복판에서 자동차가 그대로 뻗은 것이다. 하루 업무를 마치고 쏟아지는 수많은 차량을 정면으로 가로막고 있었다. 본의 아니게 도로를 점령한 사태는 차량의 온갖 소음으로 비난을 감당했다. 그 요란했던 상황은 견인차가 와서 차를 비켜 세우면서 일단락 지어졌다. 견인차에 끌려 고속도로를 달리며 친정집으로 돌아가는 모습은 나의 희망 주머니가 볼품없이 터져 버린 꼴이었다. 어깨를 들썩이며 울고 있는데 고장 난 차창 유리 너머로 환한 달빛이 나를 비췄다. 고개를 들었다. 밤하늘 달빛을 의식한 첫 날이었다.

달은 오묘한 색을 띈 채 묵묵히 나를 바라보고 있었다. 그렇게 많은 시간동안 이 길을 지나 다녔는데 어둠을 밝히는 그의 존재를 특별히 의식한 적이 없었다. 낯선 길 위에 보잘것없는 모양새로 흐느끼는 나를 들켰다고 생각하자 묘하게 마음을 위로 받는 심정이 되었다. 신기한 건 진심 어린 마음을 아무도 몰라줄 거라던 서러움이 달의 시선을 의식하면서 평온해졌다. 모르긴 몰라도 지난번 퇴근길에 차 안에서 남편과 다투던 이야기며 친구와 그의 흉을 봤던 내용도 모두 알고 있을 것이다. 심지어 시댁에서 시아버지와 남편이 서로 언성을 높이며 집을 뛰쳐나왔던 그 날의 기억도 나와 함께하고 있을지 모른다.

생각해 보면 나를 중심에 두는 의식을 배운 적이 없다. 다만 삶의 중심에 나를 두고 도닥여주던 달의 눈빛을 또렷이 기억한다. 마치 "네가 주인공이야!"라고 당당히 외치라는 듯 달의 표면은 기이하게 이글거렸다. 그 날 이후 무너진 마음을 다독여 다시 꿈을 향해 달렸다. 아침을 시작하고 하루를 마감할 때마다 어김없이 나를 찾아오는 달의 존재는 희망 자루를 비우고 채우는 일을 반복하게 도왔다.

달은 스스로 빛을 발하지 않는다. 태양에 비친 반구는 밝지만 반대쪽 반구는 암흑 상태가 된다는 것을 안다면, 우리 삶 또한 크게 다르지 않다고 생각하며 스스로를 도닥이게 된다. 자신보다 세상 속 나를 빛으로 감싸는 그의 힘을 믿는다. 왜냐면 달은 언제나 같은 면을 지구로 향하며 나를 비추고 있기 때문이다. 환하게 비추는 정면과는 다르게 어두운 이면을 품은 채 나를 감싸는 달. 조금씩 서두르지 않고 자신을 변화시키며 삶을 비추는 그의 모습은 어쩌면 '나도 너와 같다.'는 것을 알려주고 싶었던 건지 모른다.

순리대로 흐른다. 보름달은 태양과 달이 정반대 방향에 있기 때문에 초저녁에는 동쪽 하늘에 떠올라 새벽녘이 되면 서쪽 하늘로 가서 아침에 진다. 심지어 여름에는 태양과 반대로 낮게 뜨고 겨울에는 높게 뜨다니, 이치를 바라보며 자신의 변모를 온전히 감당하는 달이다. 보름달을 넘기고 나면 달은 약간 이지러진 부분을 위로 향한 채 동쪽에서 뜬다. 이튿날 해가 뜰 무렵이면 하늘이 밝아져도 여전히 서쪽 하늘에 걸려 있다. 해가 동쪽 하늘에 완전히 모습을 드러내고 나서야 점점 서쪽 하늘로 넘어간다.

달은 모든 것을 품고 아침이 되면 여명 속으로 사라진다. 심지어 시기와 상황을 견주어 모습을 바꾸고, 뜨고 지는 자리를 맞춰가는 달의 진리를 엿본다. 내가 꺼이꺼이 목청을 높여 감정 바닥을 드러내면 달도 나와 같은 심정으로 곁을 지켰다. 분명한 건 머리에서 심장으로 이어진 감정의 샘이 끝없이 물길 질을 해댈 때마다 그 고비를 건널 수 있도록 내 편이 되어준다는 사실이다.

무언가 이룬다는 건 자신을 이끄는 힘을 믿고 걸어가는 게 아닐까. 무대 위에서 조명을 받으며 화려한 성공의 중심에 선 사람들의 뒤편에는 반드시 힘든 역경을 이겨낸 무언가가 함께 했음을 짐작한다. 그것이 사람이어도 좋고 물체여도 좋고 때론 자연이어도 우리는 개의치 않는다. 중요한 건 그가 과정을 이겨내고 그 위에 섰다는 사실이다. 언제나 같은 면을 비추는 달, 어쩌면 나를 주인공으로 세워주는 삶을 이끌기 위해 존재하는지도 모를 일이다.

다시 시작

드디어 연구실을 옮긴다. 기다렸던 일이기에 기쁘지만 곧 개강이라 당황스럽다. 세평 남짓한 연구실이 책과 서류로 빼곡하다. 쳐다보기만 해도 옮길 엄두가 나지 않는다. 먼지 쌓인 서류더미를 보니 새삼 연구실을 배정받고 설레던 기억이 떠오른다.

십삼 년이 흘렀다. 처음 연구실 앞에 새겨진 내 이름을 보면서 지난 시절을 보상받는 기분이었다. 대학의 문턱은 쉽지 않았다. 나는 오랫동안 평범한 집안 배경을 원망했고 소심한 성격을 탓했다. 함께 공부했던 몇몇 친구들은 원하던 길을 포기하고 다른 일자리를 찾았다. 나는 포기하지 않았다. 수없이 많은 도전과 실패를 넘나들며 얻은 연구실이었다.

대구와 인연이 된 계기는 K대 G교수의 전화를 받고나서 부터였다. 학회에서 내 발표를 듣고 연구원 자리를 권유했다. 만족하지 않았지만 뭐든 시작해야 했었다. 당시 남편은 경기도에서 일을 하고 있었고, 돌도 안 된 첫 아이는 울산의 친정엄마에게 맡겨졌다. 대학의 시간강사만으로는 힘들게 공부한 연구 실력을 발휘 할 기회는 좀처럼 찾아오지 않았다. 남들이 보기에는 번듯해 보였지만 실상은 달랐다. 평일에는 이곳저곳 대학을 기웃거리며 강의했고, 주말이면 아이를 돌보는 일상에 지쳐갔다.

K대 북문에 단칸방을 얻어 연구원 생활을 시작했다. 그 때를 떠올리면 외로움과 서러움이 심장을 친다. 이미 일본에서 박사 후 연구원 과정을 완료했음에도 일 년간의 연구원 생활을 마치고 대구를 떠났다. 그 후 강의영역을 넓히고 비정규 업무를 겸했다. 시간은 흐르고 힘든 과정 끝에 점점 경력이 쌓여갔다. 비로소 기회가 왔다.

연구실을 둘러보니 경험만큼 그 흔적이 빼곡하다. 처음에는 신설학과를 맡아 약 칠여 년간 학과장으로서 역할을 맡았다. 그 후에 학과 통폐합이 진행되면서 구성원은 흩어지고. 연구실은 그대로 사용해야 했기에 바뀐 학과 건물과는 거리가 멀었다. 수업이나 회의 시간을 맞추려면 매번 서둘러야 했다. 수업 준비 자료가 많을 때면 손바닥이 빨개지도록 무게를 견디며 계단을 오르내렸다. 정장에 뾰족구두라도 신은 날이면 피로는 곱절로 늘었다. 몇 번의 연구실 이전을 신청했지만 기회가 닿지 않았다. 도와준 분도 많았지만 안 되는 이유를 붙이는 사람이 더 많았다.

한동안 연구실 이전을 잊고 있었다. 이미 연구실과 학과 건물을 육 년이나 오가며 익숙해져 있기도 했고 거리가 멀어서 불편한 점도 있었지만 업무에 집중할 수 있는 장점도 있었다. 그런데 며칠 전 연구실 이전과 관련하여 B의 전화를 받았다. B는 업무 처리 능력이 탁월한 교수지만 내게는 기분 좋은 일보다는 언짢은 용무로 연락이 오는 경우가 많았다. 평소의 경계하던 마음에서 뜻밖이라는 생각으로 바뀌었다. 그동안 오해하고 섭섭했던 마음이 미안하다. 지금 기회를 놓치지 말고 서두르란다.

시간을 지체할 수 없다. 곧 가을 학기가 시작된다. 이것저것 벌여놓은 일이 많으니 연구실을 옮길 시간이 부족하다. 회의와 출장, 연수 등이 팔월의 마무리 일정으로 빼곡히 잡혀 있다. 책상 위에는 마감을 기다리는 서류가 널브러져 있다. 먼지 쌓인 책들과 서류의 무게를 생각하면 무더위에 어떻게 옮겨야 할지 고민이다. 연구실 이전 날짜를 연수를 떠나기 전날로 잡았다. 연수를 다녀오면 사흘 후에는 개강이다. 직접 총무팀에 연락을 넣고 협조를 요청했다.

이제 본격적으로 연구실을 옮길 준비를 한다. 지나온 과거를 털어내듯 서류 분리하는 작업이 시작되었다. 먼저 책상 위에 있는 중요한 서류를 챙긴다. 다음으로 눈에 띄는 잡동사니들을 구분한다. 버릴 것과 내게 필요 없는 것으로 나누고 마지막으로 먼지를 뒤집어쓴 책과 잡동사니들을 꺼낸다. 일을 하면서 이뤄온 지난 과거가 이 공간에 고스란히 남아 있다. 책장 맨 아래쪽에서 손이 닿지 않는 선반 위로 갈수록 오래된 기록이 묵혀있다.

먼지는 더 심하다. 박스에 들어있는 서류 가장자리는 누렇게 색이 바래 있다. 서류 안을 훑어보니 반듯하다. 당시 소중하다고 생각했던 것들인데 지금은 상황이 달라졌다. 이제 버려야 한다. 먼지가 쌓인 정도를 살피며 버리고 선택하기를 반복한다. 손놀림은 점점 빨라지고 땀방울은 콧잔등에 맺혔다가 아래로 떨어진다. 빈 화분과 축하 화환에 메시지를 적은 리본도 여러 개 발견된다. 먼지 속에 추억도 함께 가라앉아 있었다.

연구실을 둘러보니 어느새 책상부터 바닥까지 서류와 자료들로 발 디딜 틈이 없다. 일이란 게 굴비처럼 엮여져 진행되다 보니 온통 박스와 클립에 꽂힌 서류들로 넘쳐난다. 먼지 쌓인 서류에는 여기저기 붉은 볼펜으로 적은 중요 표시의 색이 바래 번져 있다. 생각해 보면 이곳에서 보람된 일도 많았지만 곤경에 처한 일도 많았다.

그동안 무수히 많은 회의를 진행하며 학생들의 입학과 졸업을 지켜봤다. 일을 시작하고 얼마 지나지 않았을 때 갑자기 학생들이 연구실로 몰려와 불만을 토로하며 긴장된 사태를 유발한 적도 있었다. 달래기도 하고 소리치기도 하고 그야말로 울고 웃었던 지난날이었다. 중요한 시점에서 공을 세운 곳도 여기 연구실이다. 이곳에는 지난 추억이 기록되어 온갖 경험과 업적을 훈장처럼 차곡차곡 쌓아두고 있었다.

먼지를 털어내며 일어선다. 힘들다고 생각했던 지난 시간의 먼지 쌓인 조각들이 지금의 나를 세웠다고 생각하니 가슴이 뭉클하다. 처음을 떠올려 보니 중요하지 않은 때가 없다. 여전히 대학 구조 조정은 계속되고 있고 마음은 무겁다. 우선 연구실을 옮기고 볼 일이다. 다시 시작이다.

비의 추상

무너지는 심정을 받치고 있는 건 무엇일까. 문득 복잡하고 단단하게 얽힌 사고 속에서 애쓰는 마음이 떠오른다. 주저앉자니 지나온 시간이 아쉽고 그냥 모른 척하려니 상흔이 곪는다. 바깥으로 삐져나온 상처보다 내재되어 살펴볼 겨를조차 없는 기억은 빗속에서 어지럽게 갈래져 있다.

비는 억수같이 쏟아지고 있었다. 세찬 빗속에서 동네가 떠나가도록 대성통곡하는 여인의 처절한 절규가 빗소리를 삼킬 듯이 울려 퍼졌다. 쏟아지는 빗물과 아이를 찾는 외침이 뒤범벅이 되어 구름은 사납게 비를 토해내고 있었다. 누구 하나 발 걷고 나설 용기를 내지 못하는 처지에 보다 못한 장년들이 손발을 걷고 돕기 시작했다. 모두가 지쳐 체념할 즈음 아이의 신발을 찾았다는 소리가 동네를 흔들었다. 하늘이 세찬 비바람을 몰아 기어코 어린 여자아이를 데려가고 말았다. 하수구 암거를 걷어놓은 틈 사이에 발이 미끄러져 다시는 빠져나오지 못하는 큰물에 떠밀려 가버렸다. 핏기 없는 아이가 여인의 품에 안기자 비는 그제야 멈췄다. 바깥 비는 그쳤지만 여인은 목메어 울며 비바람에 휘청거리듯 쓰러졌다. 그날의 슬픔이 온 동네를 덮치던 순간, 환한 빛은 구름을 걷어가고 있었다.

거친 비를 맞는 날이면 어김없이 그때가 떠오른다. 상처에 닿을 수 없어 배회하다가 그 흠집이 어떻게 굳어 가는지 보는 것처럼 말이다. 철들고 처음으로 울음이 북받쳤던 날에도 물난리에 뒤섞였던 걱정이 마음을 긁는다. 감정 조절이 서툴러 일을 그르치거나 일상이 바닥을 헤매며 어려움에 울부짖을 때도 그때 심정이 되곤 한다. 때로는 갖가지 비의 형태로 젖는 기분이 될 때, 시간이 지나면 다시 평온한 빛을 품는다는 것도 알게 되었다. 지금은 무분별한 언어의 홍수가 마음을 할퀴고 지나갈 때도 큰물에 휘말려 하늘로 간 그 작은 빛이 떠오른다. 불쑥불쑥 떠오르는 기억을 조절하지 못할 때면 흐린 하늘 아래 구름과 함께 몰려드는 비를 받아들일 수밖에 없는 심정이 된다.

살면서 비를 맞을 때가 있다. 우산을 챙겨 쓰더라도 비바람이 동반되면 어이없게 온몸이 젖고 만다. 뭐든 쉽게 이뤄지지 않는다. 빛을 향한 걸음에는 예고 없이 쏟아지는 비 때문에 삶의 굳은살을 채워간다. 결국 산다는 건 상황에 맞는 비를 피하기 위해 얼마나 단단하게 손아귀로 우산대를 잡고 있는지에 따라 달라지는 건 아닐까. 살고자 하는 안간힘은 비바람에 요동치는 우산을 잡은 두 손이 벌겋게 달아올랐던 아픔과 겹쳐진다.

빗길에 섰던 나를 돌아본다. 20대 후반, 모든 것이 막막했던 생활은 나를 지치게 했다. 어른들이 썼던 검은색 우산 대신 나만의 우산을 구할 만큼 성장했지만 비를 피하며 걸어가는 길이 어딘지 알 수 없었다. 대학을 졸업하고 빛을 보겠다고 이국에서 학업의 길을 택했지만 모든 것이 녹록지 않았다. 처음에는 경제적인 어려움이 나를 휘감고 다음에는 학업과 사람의 관계가 나를 옭아매었다. 그때마다 빗속에 내동댕이쳐진 기분을 느끼며 내게 맞는 우산을 찾기에 급급했다.

결혼을 하면 젖은 일상이 세상의 빛으로 반짝일 거라 여겼다. 완벽한 우산을 찾았다고 믿었지만 그것은 착각이었다. 시할머니는 시삼촌댁을 거쳐 요양원에 기거한지 오래였고, 아내를 떠나보내고 사십 여년을 홀로 지낸 시아버지의 존재는 비를 품고 사는 구름처럼 보였다. 시숙은 교통사고 후유증으로 제대로 일하기 어려운 입장이었지만, 시아버지는 기어코 어여쁜 동서를 만나게 했다. 모든 상황을 파악하고 받아들였을 때는 어릴 적 비바람 속을 걸었던 내가 다시 떠올랐다.

산다는 건 보편적이지만 견디는 건 개별적인 슬픔이다. 결혼을 하고 한참 후에야 어쩌면 남편도 비를 피해 나에게로 왔을지 모른다는 생각을 하게 되었다. 인생길에서 나만의 든든한 우산대를 잡고 있다고 여겼던 마음에서 결국 부부의 아픔은 서로 쓰다듬는 거란 걸 그때 깨달았다.

비를 바라보는 심정은 빗속에서의 나와 다르다. 막상 삶을 살아가면서 소중한 것이 떠난 자리에는 후회와 반성만 남는다. 그때마다 어렵게 빛을 잡고 비틀거리며 일어서기를 반복한다. 20여년 넘게 시댁을 오가며 빗속에서 나만 우산을 쓰고 비를 바라본 것은 아닌지 모른다. 시할머니가 돌아가신다는 연락을 받고 달려갔다. 내가 바라본 생의 마지막은 햇살 속으로 어렵게 숨을 넘기며 힘들게 사라졌다. 그 후, 몇 년이 지나고 시아버지가 세상을 등지던 마지막 눈빛은 잊히지 않는다. 시아버지가 떠난 다음해부터 동서는 심한 병마와 싸우더니 1년을 더 버티지 못하고 생을 놓았다. 시댁의 모든 것을 쓸어가 버린 뒤의 난감함이 전신으로 번졌다. 슬픔은 고통을 견디려고 애쓰는 힘을 데려와 일상을 살게 한다.

숨 끝이 멈췄던 자리. 나는 안에 있었지만 바깥에서 홍수를 겪는 냥 온 몸으로 세찬 빗줄기를 맞아야 했다. 그저 삶의 끝을 바라볼 수밖에 없었다. 격렬하게 몸을 뒤틀며 심장을 끌어올리던 그 마지막 몸부림을 바라보며 거친 물난리에 쓸려간 소중한 빛을 떠올렸다.

비가 그치면 우산을 접고 손바닥의 얼얼한 기운을 쓰다듬는다. 통증이 사그라질 즈음이면 마음은 거센 비를 뚫고 온 마음에 굳은살이 채워진다. 이미 오래전에 빗길을 걸으며 숨차던 시간을 지났지만 지금도 여전히 바라던 일이 좌절되거나 뜻대로 순조롭게 맘먹은 일이 진행되지 않을 때면 우산을 찾아 헤매곤 한다. 무엇보다 생을 거두는 빗소리를 들을 때면 바닥으로 떨어지는 빗줄기의 끝을 파고드는 심정이 된다.

빗줄기의 끝은 어디로 향하고 있는 걸까. 무심하게 바라보는 시선은 지나온 시간을 빗물로 흐르게 둔다. 그 마지막은 특별한 형체도 새로운 변화도 없다. 그저 위에서 아래로 떨어져 다시 바닥에서 튕겨 오른다. 짧고 강하게 때론 증발하듯 유유히 사라진다. 멀리서 바라보면 비가 빛이 되어 반짝이는 것처럼 보인다. 하루 종일 쏟아지던 비의 끝은 어느새 빛이 되어 서서히 비구름을 밀어내고 있다.

상실의 틈

상실의 틈

한숨처럼 날려 버려야 한다. 마지막을 바라보며 얼굴이 벌겋게 달아오를 정도로 애를 쓰며 부여잡지만 다시 돌아오지 않는다. 큰오빠의 갑작스런 비보는 가족에게 큰 충격이었다. 내 곁에서 완전하게 사라진 허탈감은 안타까움이 뒤범벅되어 그저 흐느끼게 한다. 예전과 달라졌다고 느낀 순간, 현실은 그 틈을 타서 속을 비집고 들어선다.

장례 의식은 삶의 여정을 생각하면 짧기만 하다. "불 들어간다."라고 크게 외치는 소리에 웅성거리던 주위는 순식간에 적막이 흐른다. 나는 정신이 번쩍 들었다. 하늘은 맑고 천지는 이토록 조용한데 웅장한 그 외마디에 어깨가 들썩이고 흐느낌은 사방으로 전달된다. 낮은 울림은 어느새 그곳에 있던 모든 이에게 울음으로 터지고 마침내 참지 못한 올케는 "불 들어가니 어서 일어나!" 나오라고 고함친다. 허공에 목 놓아 외쳐대던 말은 답을 듣지도 못하고 그 자리에 자지러졌다.

봄은 간다. 덧없이 시간이 흐르고 다시 삶을 정돈하며 지난 시간을 떠올린다. 어릴 적부터 봐 온 큰오빠는 작은오빠에 대한 내리사랑을 아끼지 않았다. 작은오빠는 훤칠한 외모로 모든 면에서 우수했고 집안은 온통 그의 상장으로 가득했다. 그 옛날에도 집을 떠나 외지에서 고교 진학을 이어갈 정도였으니 그야말로 집안의 자랑이었다. 시간은 흐르고 형제가 모두 장가가서 가정을 꾸린 후 둘 사이는 삐걱대기 시작했다. 그러던 와중에 아버지가 돌아가시고 그들은 서로 조금씩 불편한 말투를 섞으며 외면했다. 작은오빠는 여러 우여곡절을 겪으면서 예전의 영광이 한 낱 먼지로 가라앉아 있었다. 그의 일상이 점점 더 힘들어지면서 서울 생활을 접고 고향으로 내려왔다. 그때부터 돈독했던 형제애는 이상하게 더욱 틀어지는 기미를 보였다.

오랜만에 친정 식구들의 저녁 자리가 마련되었다. 테이블 한가운데 회 한 접시가 놓이고 무수히 많은 찬이 올려졌다. 음식에 맞는 약주가 있어야 한다며 오빠는 목청을 높였고 함께하던 사람들이 맞장구를 쳤다. 술 한 병을 비우고는 두 병으로 이어지면서 작은오빠의 표정은 점점 더 붉게 변하였다. 표정이 일그러지고 거센 소리가 거침없이 쏟아졌다. 이런저런 만류에도 불구하고 가족이 언짢아 할 온갖 묵은 이야기를 계속 내뱉었다. 말이 길어지자 누군가 그만하라고 외쳤지만 그 언행은 멈추지 않았다.

저녁 자리에서 고성이 오간다. 한 사람이 말도 안 되는 소리라며 고함을 지르면 옆에서 다른 소리가 더 크게 외쳤다. 두 소리가 부딪치니 뭔 말인지 알아들을 수가 없다. 종종 집안에서 이런 광경을 마주하면 나는 창가로 시선을 돌려 하늘을 향한다. 의견 충돌이란 게 본디 답도 없이 일방적으로 쏟아내다가 끝나기 마련이라 테이블 위에서 둔탁한 음성이 오르내리며 고함치는 소음으로 난무하다. 소리에도 통행의 길이 필요하다. 소리의 방향을 가늠하면 그 뜻을 알아채기 쉬운데 도통 진심은 드러내지 않고 표면만 긁어대고 있다. 이해하려고 하지만 이해되지 않는 것이 더욱 많다.

테이블에 술병이 많아지면서 막말 강도가 세졌다. 벌겋게 달아오른 얼굴만큼 눈동자가 붉게 물들었다. 오빠들의 고성은 무엇을 원하고 있는 건지 짐작만 할 뿐이다. 큰오빠는 '허허' 헛웃음을 내쉬더니 "나는 먼저 갈란다."라며 일어섰다. 그 곁에 있던 작은오빠도 자리에서 벌떡 일어나 서로 눈빛을 마주하며 섰다. 형제애가 허무하게 무너지는 모습을 보는 기분이다. 산다는 게 힘겹고 그 어려움이 온몸에서 거칠게 터져 나오는 것인지 모른다. 마치 수류탄 같다는 생각이 스칠 즈음, 옆에 계시던 어머니가 그만하라는 외마디를 내지르며 손수건으로 눈물을 훔쳤다. 나는 어머니가 끔찍이도 아끼는 아들 둘에 대한 상실한 심정을 엿보고 말았다.

그 후로 이년 가까이 시간은 흐르고 추석을 앞 둔 어느 날, 큰오빠가 위독하다는 연락을 받았다. 병원으로 급히 달려갔다. 중환자실에 누운 오빠는 여느 때와 마찬가지로 미소를 띠며 나를 바라봤다. 본인의 처지를 아는지 모르는지 병상에서 또렷한 의식으로 맞이하고 있었다. 그동안 몇 번의 혼수상태를 겪은 후라 큰오빠는 더욱 연약한 모습이었다. 가족은 침묵했다. 누구도 큰오빠의 상황에 말을 붙이지 않았다. 나는 그 시간을 마지막으로 오빠와 얼굴을 마주하며 이야기를 나눌 시간은 없었다.

공허한 마음이 심장을 쳐대는 기분이다. 무언가에 상심하고 또 뒤돌아서면 나도 모르는 사이에 현실의 틈이 그 간격을 벌리고 있다. 일상에서 간간이 어머니의 소식과 그 곁을 돌보는 작은오빠의 일상이 전해온다. 시간이 흐르고 있지만 마지막 저녁 자리에서의 상황이 머릿속을 뒤집어 놓는다. 무자비하게 같이 떠오를 때도 있고 또 혼자 감정이 격해지기도 한다. 사는 건 뭘까. 모두 자신만이 가진 마음속 뾰족한 날카로움을 두드리며 원만하게 갈고 닦으며 일상을 견디는 건지 모른다.

오랜만에 친정 가족이 모이자며 연락이 왔다. 싱크대에서 설거지를 하면서 온갖 생각이 이리저리 엉키며 고민하게 된다. 큰오빠를 떠나보낸 후, 그동안 가족은 서로의 마음을 간간이 부딪치기도 했지만 마주 보려고 애썼다. 갖가지 생각이 머리를 스친다. 지금 현실의 어려움이 크면 주위가 잘 보이지 않는다. 나를 다독이고 위로 받으며 다시 일어날 힘을 갖는 게 외부에 있지 않다고 생각하기에 더욱 그렇다. 내면의 힘으로 외부의 현상을 받아들이는 연습이 분명 필요하다고 느낀 순간, "앗" 무언가 내 손가락을 찔렀다.

손끝에서 피가 뚝뚝 떨어지고 있다. 찌릿한 통증이 짧고 강하게 미간을 구긴다. 싱크대 그릇 안의 생선가시가 손가락 끝을 파고들었다. 순식간에 복잡했던 생각의 고리가 끊겼다. 펄떡거리지도 않는 생선가시에 원인 모를 탓을 쏟아낸다. 생살을 그은 살갗이 벌어져 붉은 핏빛이 보인다. 피를 흘리며 새 살의 틈을 엿본다. 원하든 원하지 않던 완전히 연을 끊을 일이 아니라면 잠시 생각을 돌려 시간적인 여유를 살펴야 한다.

가족이란 게 묘하다. 요란한 천둥이 쳐도 시간이 지난 후 마치 그 천재지변을 본 적도 없었던 냥 시치미를 떼고 만난다. '혈육의 힘인가.' 혼자 생각에 빠져 있다가 문득 생각한다. 삶은 어쩌면 상실 속을 비집고 들어선 틈 사이의 간격으로 다시 새롭게 일어서게 하는지 모른다.

알려고 하지 않으면 보이지 않는다

낯선 길을 달린다. 앞서 달리던 자동차가 우측 깜빡이로 신호를 보내며 일면식도 없는 나에게 길의 방향을 알리고 있다. 순간 이유 없이 초행의 걱정을 한시름 내려놓는 기분이다. 종종 길을 안내하는 네비게이션을 틀고도 도착지가 어긋나 난감했던 적이 있기 때문이다. 생소한 길에 대한 불안감은 차창으로 스치는 모든 풍경을 낯설게 한다.

길을 헤매는 심정은 사랑을 찾아 정착하지 못하는 소심한 희망 주머니를 닮았다. '이 길이다.'라고 생각하고 목적지를 향해 직진하는 동안 생각지 못한 낯선 풍경과 싸늘한 기운은 불안감을 조성한다. '아니다.'는 생각으로 다시 옆 방향으로 길을 바꿔 움직이다 보면 마음 주머니는 점점 쪼그라들며 용기란 게 완전히 꺼진 기분이 들 때도 있다. 어쩌다 방향과 길이 옳게 닿으면 모든 게 평화롭다.

인연을 만드는 마음은 이처럼 야릇하다. 스치고 지나면 그만인데 굳이 속 이야기를 엮어 의미를 붓는다. 낯선 길에서 방향이 같다고 종착지가 같지 않을 진데 생각은 제멋대로 방향을 틀어 인연의 매듭을 엮기도 한다. 혼자만의 판단으로 혼란을 번복하기 일쑤다. 이런 마음은 일터를 향해 걸어가는 길가의 온갖 풀꽃들과 마주할 때도 나의 일방적인 속내를 불어넣게 한다.

뿌리를 내린 풀꽃은 어제와 오늘이 다르다. 매일 시간을 이어 계절을 지나면서 땅의 변화를 고스란히 받아들인다. 무더위 아래 가녀린 잎은 처져 있지만, 그늘을 내어주고 비를 내리면 작은 풀잎 하나하나가 살아 꿈틀거린다. 무엇이든 자세를 낮춰 알려고 하지 않으면 보이지 않는다. 발아래 함께하는 풀잎조차 누군가의 눈길이 닿지 않으면 결국 시간의 끝에서 소멸한다. 인연이 닿는 길은 마음을 움직여야 보인다.

남은 시간이 없었다. 아버지는 여든을 몇 해 앞두고 가족과의 이별을 준비하고 있었다. 주름진 얼굴에는 몹쓸 종양이 세월의 흔적과 함께 묻어 있었다. 어린 날 집안을 호령하던 아버지의 모습을 떠올리면 그저 외면하고 싶은 마음뿐이었다. 왜 그토록 서러움이 크셨는지 무엇이 그토록 분노를 타오르게 했는지 알려고 하지 않았다. 그저 엄마를 다그치던 눈빛만 가슴 속에 남아 있었다. 철들고 뒤늦게 자식 걱정으로 새벽잠을 설치던 아버지를 떠올리게 되었다. 가족의 생계를 책임져야 하는 무게를 감당하기 위해 최선을 다했다는 것을 깨닫는다. 이제야 지난 시간을 볼 수 있게 되었다고 느낀 순간, 나는 깊은 연의 매듭을 풀어 아버지를 놓아줘야만 했다.

곧 예순이 된다. 남편은 “지난날 말로 상처를 준 게 많았다. 미안하다.”라는 말을 불쑥 던진다. 예전에는 좀처럼 볼 수 없었던 따뜻함을 담아 진심을 전한다. 그의 말 한마디에 지난 시간 속에 모난 돌기를 만지듯 울퉁불퉁했던 기억이 떠오른다. 자녀 교육에 의견이 어긋났을 때나 부모님께 닿는 온도가 다를 때마다 현관문은 세차게 닫혔다. 소소한 일상의 언어에도 남편은 날카로운 말투로 내 눈물을 쏙 빼고서야 날 선 말이 부드럽게 뭉개졌다. 남편은 분명 가장으로서 앞만 보고 달리며 크고 작은 어려움과 좌절을 느꼈을 것이다. 고개 숙여 낮아진 자신과 만나는 순간, 곁에 있는 이의 마음을 알려고 했으리라. 마음 인연은 스스로 의지를 무장해야 비로소 사랑이 보인다. 남편과 묶은 연줄이 새롭게 시작되는 요즘이다.

자신이 얼마나 작고 위축된 존재인가를 느낀 순간, 나는 글을 접했다. 지난 시간 동안 그토록 많은 감정과 사연이 묵어 있었나 싶을 만큼 쏟아지는 언어는 낯설고 어설프게 다가왔다. 글을 통해 상대방을 알려고 하자 내가 조금씩 보이기 시작했다. 어린 시절, 성장기, 현재를 살아가며 느끼는 온갖 사연이 언어의 씨앗을 품고 내 마음에 뿌리를 내렸다. 언어가 춤을 추면 글이 되고 미숙한 몸짓은 시간을 지나면서 나만의 싹을 틔우려 하고 있다. 어쩌면 글을 쓴다는 건 일상의 소소한 사물과 내면의 이야기가 펼쳐지는 위로의 장이 아닐는지. 누군가는 그냥 스쳐 지나쳐도 될 것에 유난히 감정이입을 하고 의미를 담아내며 희노애락을 공유하기도 한다. 결국, 알려고 하는 관심은 수많은 감정과 인연 고리를 맺으며 글이 되어 나갈 것이다.

시간은 바쁠 것 없다는 듯 앞만 보고 건너와 지금의 때를 알린다. 내 안에 머문 탁한 생각을 떨쳐 버리려고 글을 쓰면서 머물지 않는 법을 터득한다. 과거, 현재, 미래를 이어가며 속내를 단련한다. 글을 통해 나와 엮인 수많은 관계를 돌아보며 그것이 정작 나 자신을 이해하는 길임을 깨우친다. 아버지를 받아들이고 남편의 처지에서 바라보는 과정을 반복한다. 섭섭하고 원망하던 마음은 안타깝고 애처로운 심정으로 바뀌고 글과 인연이 되면서 비로소 일상의 움직임이 새롭게 보인다.

알려고 하지 않으면 보이지 않는다. 의지를 일깨우는 일은 일상의 시작에서부터 요구된다. 머릿속에서 조금 더 누워있어야 할 온갖 핑계가 쌓인다. 털고 일어나 하루를 시작하면 될 것을 누운 채 머물러 고뇌한다. 삶은 뚜벅뚜벅 앞으로 걸어가기만 할 뿐 과거로 돌아갈 수는 없다. 실체가 크다고 잘 보이고 작다고 안 보이는 것이 아니다. 알려고 하는 마음이 그 상황에 닿아야 한다. 살아가면서 내가 알고자 하는 것을 잘 볼 수 있게 고정된

틀에 갇혀있지 않도록 생각의 창을 열어둘 뿐이다.

순식간에 사라졌다. 조금 전까지 같은 방향으로 달리던 자동차는 어디에도 보이지 않는다. 마치 꿈을 꾼 듯 혼자 상상의 나래를 펼친 듯 눈앞에서 없어졌다. 초행길의 불안감을 없애려던 마음에서일까. 제대로 분별할 여지도 없이 함께 가는 차라고 믿은 자신이 놀랍다. 정신을 차리고 가던 방향을 다잡는다. 차창으로 눈길을 돌리니 비로소 단풍으로 물든 풍광이 눈에 들어온다. 자동차가 지날 때마다 길가에 흩날리는 잎들은 빛과 부딪쳐 더욱 아름답게 보인다.

가을 속을 달리며 사고思考의 창을 닫고 지낸 건 아닌지 자신에게 물어본다. 무엇이든 내가 먼저 능동적으로 다가가야 실체가 보이고 상황을 받아들일 수 있다. 마음을 열어 하늘을 우러른다. 잎이 흩날리는 모습을 보는 것만으로도 가을이 내게 말을 거는 기분이다. 인연을 살핀다.

가을 사랑법

가을이 사랑에 빠졌다. 봄에 피어나는 풋풋하고 서툰 사랑 수준이 아니다. 그렇다고 열정적이고 관능적인 여름의 사랑도 아니다. 가을의 맘을 뺏어간 사랑은 존재의 의미와 욕망을 큰 획으로 이끄는 사랑이다. 조바심 내다가 애타하거나 과하여 후회하는 법이 없다 성숙의 절정에 다다른 여인의 매혹적인 자태와 우주를 옮겨 나를 중심에 놓아줄 거 같은 남정네의 완벽한 뚝배기 심성이 묻어 있다.

가을은 마음이 높게 뛰는 심장 소리로 사랑을 알린다. 초록빛의 자연을 넘어서 풍성한 붉은 잎들의 향연을 보여주는 중요한 사건이다. 거리 곳곳에서 바라보는 노란 은행잎의 존재는 봄을 건너 여름을 즐기고 가을에 다다른 태양 빛의 흔적이 담긴 실체다. 가을이 사랑을 시작하기 위해 회색빛 도시를 섬세한 손길로 물들여 사랑을 준비한다. 서두르는 법이 없이 천천히 조심스러운 몸짓으로 사랑한다. 마치 신중한 의식을 치르듯이 나의 촉각을 건드리면 그제야 기지개를 펴고 맘껏 가을을 바라본다.

잘 기억도 나지 않는 어린 시절의 모습 속에는 늘 가을이 묻어 있다. 뒷동산을 뛰어다니며 또래의 에너지를 발산하기 위해 움직이던 그때도 유일하게 친구가 되어 준 것은 가을의 초록이 담긴 들풀과 꽃들이었다. 아련한 기분에 눈을 감으면 그 초록 동산은 작은 가을의 모습을 그대로 닮아 있다. 어린 시절의 가을은 햇볕 잘 드는 양지를 놀이터로 만들어 나를 유쾌하게 해주었다. 사춘기에 접어들면서는 온갖 사랑에 관한 시집을 꺼내어 폼 나는 목소리로 읊어가며 성숙의 문턱을 넘었다. 숙녀가 되어서는 내 사랑을 찾기 위한 방황과 고독을 멋으로 치장해 주었다. 그런데 중년이 되어서 바라보는 가을은 남다르다. 자연이 건네주는 가을 사랑에 비해 내 사랑은 언제나 이기적이었다는 것을 깨닫는다. 세월 속에 무뎌져가는 모든 것에 가을 사랑은 나를 새로운 감성으로 일깨워 준다.

삶에 지쳐 의미를 찾고자 할 때 가을이 말없이 마음에 담긴다. 오랜 시간을 지켜봐 온 가을은 나를 대하는 게 능숙하다. 9월에 태어난 나의 성장을 언제나 지켜보고 있다. 여름의 열기가 진정되면 가을의 바람은 솜털 같은 나의 피부를 건드리며 줄곧 나의 성장을 돕는다. 가을 사랑은 깊은 뿌리부터 줄기를 타고 올라와 나뭇가지의 살 오른 근육을 통해 잎들에게 양분을 전한다. 양식이 가득한 곡간처럼 가을의 사랑은 허기지게 하지 않는다. 자신감에 찬 당당한 모습을 보여준다. 화려한 자연의 색으로 축제의 여신이 되기도 한다. 옆에서 지켜보는 내가 그 아름다움을 논하기에는 가을은 너무나 위대하다. 가을은 긴 시간 속에서 자신만의 사랑법을 완성하여 뜨겁게 표현한다.

가을을 담은 꽃을 바라보는 마음은 설렌다. 작년 이맘 때 즈음, 지인으로부터 선물 받은 동양 난을 애지중지 키운 것이 오늘 아침에 드디어 꽃을 피웠다. 거실과 베란다를 오가며 2주에 한 번씩, 물을 충분히 머금도록 보살핀 내 정성과 사랑이 완성된 것 같아 환호를 질렀다. 처음에는 식물에 대하는 서툰 방법 때문에 아쉽게 절망한 적이 있다. 이제는 조금씩 방법을 터득해 나가며 아주 작은 식물도 허투루 돌보지 않는다. 시간이 날 때마다 말을 걸어주고 혹여나 다른 이물질이 묻어 있으면 닦아주고 잘라내어 내 마음이 전달되도록 열과 성을 다한다. 덥거나 춥고 습한 기온을 살펴 앉은 자리를 보살핀다. 가을이 내게 가르쳐준 사랑은 이렇게 내 생활 작은 곳에 빠짐없이 적용된다. 화려하게 고와서 좋다고 호들갑떨다가 시들어 버리면 내동댕이치는 마음일랑은 차원이 다르다.

가을의 절제되고 깊은 사랑은 이기적인 나의 사랑을 말없이 일깨워 준다. 가을은 일 년을 기다려 사랑을 맞이할 준비를 하고 온갖 설렘을 건네줄 감동을 곳곳에 묻어둔다. 싹이 트고 연두색이 초록색으로 변하고 다시 붉게 물든 화려함으로 다가와서는 거침없이 사랑을 고백한다. 가을을 지탱하는 것은 세상을 받쳐주고 있는 토양이다. 때로 가을의 사랑은 토양을 품어 하늘을 물들이고 감동시키기 때문에 어렵고 아프다. 가을이 토양에 닿기 위해 나를 세워둔다. 토양의 기운을 가을에게 전달하는 사랑의 매개체가 된다. 토양 위로 길을 내어 고속도로를 만들면 시원하게 빗질된 가르마 사이로 달리는 멋진 가을의 자태가 눈앞에 펼쳐진다. 그 광경은 마치 가을이 화려하게 장식된 꽃 더미를 안고 사랑을 구애하는 것만 같다.

가을이 사랑에 빠지면 경계를 허무는 자신감 넘치는 아름다움을 보여준다. 가을은 강도 높은 집중력으로 바라보게 하고 가슴으로 품고 느끼게 한다. 그저 바라보고 좋다는 느낌만을 쏟아내는 사랑은 가을보다 내가 먼저 떠나기 마련이다. 결코 실망시키는 법이 없는 가을은 말보다 가슴으로 안겨온다. 여름 내내 땀 흘리며 뛰어 놀던 나의 머리를 바람결로 쓰다듬어 준다. 바다를 찾아 온 몸을 첨벙거리며 바다 품에 안겨있느라 외면할 때도 가을은 나를 기다려준다. 나와 만날 그 시간을 위해 기다림을 포기하지 않는다. 만남을 위한 가을의 노력은 뿌리 깊은 그 곳에서 시작되고 하늘 위 햇살의 보살핌으로 완성되어 간다.

모든 사랑을 토해낸 가을이 떠나갈 때, 나는 미지의 세계에 갇혀버리는 감정적 고통을 경험하지만, 가을은 사랑의 열기를 보전하려고 화려한 색의 잎을 말려 토양으로 돌려보낸다. 요란하거나 거칠지 않게, 이별 대신 다시 올 사랑을 마음에 심어준다. 가을의 절제되고 깊은 사랑은 겨울을 맞이하는 그 순간까지 배려가 깊다.

창가로 비치는 가을 햇살이 눈부시다. 가을을 향해 두 팔 벌려 하늘을 바라본다. 햇살이 눈부시게 나를 감싸며 빙그르르 춤을 추는데 나는 가을과 함께 하려고 팔을 뻗어 다가간다. 아름다운 가을이다.

삶의 저울

절망적인 순간에 빛을 희망한다. 삶은 좋았다가 나빴다가 올라갔다가 내려갔다가 하면서 마치 저울 위에서 균형을 잡지 못해 오락가락하는 모양새다. 일상은 불안한 심정이 된다. 대부분 힘든 기억이 나를 옭아매어 괴롭히지만 고된 마음이 사라질 즈음 새롭게 숨 쉰다.

아침을 깨어주는 의식이 놀랍다. 그런 생각이 들 때마다 지난 밤 나를 잠재워 다시 하루를 세우는 그 에너지의 원천이 궁금하다. 사소하게는 엊저녁 환풍기를 틀어놓고 잠든 기억을 책망하면서 삶은 다시 꿈틀거린다. 매일 아침 샤워기에서 쏟아지는 물줄기의 촉감으로 하루를 시작한다. 때로 사용하던 수건의 결이 뻣뻣해져 교체하려고 생각하면서도 다시 사용한다든가, 정리하지 않고 방치된 박스가 눈에 띄지만 그대로 출근한다든가 할 때, 정작 일상의 중요함은 무엇인지 생각한다.

가끔 일이 순조롭지 못할 때 아침을 맞는 마음은 무겁다. 이럴 때면 먹고 사는 일과 회피하는 감정의 무게를 저울질한다. 늘 결과는 먹고 사는 움직임으로 정해지지만 그럴 때마다 기울어진 마음은 하루 종일 끌려 다니기 마련이다. 뭔가 서로 균형을 맞추기 위해 까딱까딱 저울질이 오고가지만 소용없다. 주말에 서울 출장이 잡힌 날은 그 정도가 더 심하다. 그럴 때마다 나는 자신을 움직이게 하는 것이 무엇인지 되묻곤 한다.

하루의 시작, 수많은 저울질 속에서 사건이 발생했다. 코로나바이러스감염증-19 COVID-19. 이 질병은 제1급 감염병 신종감염병증후군으로 분류된 호흡기 증후군으로 알려졌다. 낯선 병균의 등장과 함께 일상이 뒤집어졌다. 화려한 모양에 정체를 알 수 없는 바이러스는 보란 듯이 가까운 주위를 지나 세계 속으로 번져 나갔다. 아침마다 뉴스를 접하면서 세상을 떠나는 이들의 숫자에 놀라 나는 저울을 밀쳤다.

동대구역은 입구부터 한산하다. 평소 같으면 수많은 인파로 붐볐을 KTX 열차 이용자가 거의 없다. 서울로 향하는 기차 안의 너른 좌석 배치도 판이하게 다른 풍경이다. 마스크와 장갑에 손 소독제까지 챙기고 회의 길에 나선 마음은 긴장감으로 가득하다. 기차 안은 그 어떤 소리도 없다. 마스크를 낀 정체 모를 타인과의 거리감을 생생하게 경험하는 순간이다. 서울역에 도착해서도 사람이 없기는 매 한가지다. 그 많던 사람이 움직임을 멈췄다. 회의실 근처의 식당은 조용하다 못해 한가한 실정이다. 수없이 오르락내리락했던 삶의 저울이 마음속에서 숫자 '0'을 가리킨다.

일상의 풍경이 바뀌고 현실이 다급해진 상황에서도 하루는 변함없이 흐르고 또 지나가고 있다. 낯선 바이러스의 정체는 눈에 보이지도 않는 탈을 쓰고 주위를 맴도는데 그렇다고 일손을 놓을 수도 없는 노릇이다. 3월 개학을 준비하던 시기에 닥친 일이라 재빠르게 대응책을 마련하고자 분주하다. 누구든 생각지도 못한 일이었기에 서툴고 우왕좌왕하여 난처한 입장이다. 학생들을 위한 지도가 원격수업으로 바뀌면서 멈춘 세상에 새로운 일이 덤으로 더해졌다. 세상은 코로나로 싸우고 우리는 일상의 업무를 제대로 돌리기 위해 안간힘을 쓰는 중이다. 아침마다 갈등하며 저울에 추를 올리던 고민이 사라진 지 오래다.

재택근무에서 당번제 근무, 긴급 상황 지도 근무 등으로 경우에 맞춰 긴박하게 일상이 이어졌다. 그 와중에 대구의 상황이 점점 심해지면서 맞벌이 부부의 여직원은 아이를 친정 부모님께 맡기고 업무를 챙기게 되었다. 문제는 타 지역에 있는 부모님이 5살 손녀를 돌보는데 아이가 갑자기 열이 나기 시작한 것이다. 심각한 상황임에도 아이가 대구에서 왔다는 이유로 코로나 검사 결과를 확인하기 전에는 진료할 수 없다는 이야기다. 어르신은 격노하며 의사와 실랑이를 벌이는데, 이 둘의 폭발하기 일보 직

전 상황은 차마 글로 표현하기 어려울 정도다. 어쩔 수 없다는 의사의 말에 열 오른 아이를 안고, 병원 문 앞에서 발걸음을 돌려 사방으로 약을 구하려 했지만 허사였다. 하루가 지나 협박과 간절함이 수차례 오가던 중에 의사의 처방전을 건네받고 아이의 열꽃은 내렸다.

그 이야기를 듣는 내내 온몸에 긴장감을 느꼈다. 원치 않은 일이 발생했다고 삶을 멈출 수 없다. 살아서는 영원히 '숨'으로 이어질 것이라 여기지만 불쑥 우리를 놀라게 하는 현상들은 마디를 묶어 순조롭지 않다는 것을 확인시킨다. 삶의 곳곳에 매듭을 지어 마치 끝나는 시점을 알고 현실을 살아야 한다고 일러주는 듯하다. 코로나 매듭은 너무 강하게 묶였다. 안전하다고 믿고 달리던 길에서 뜻밖의 사고로 삶이 부상당한 격이다. 모든 게 더디고 고통스럽지만 언제나 그랬듯이 우리는 방법을 찾아 천천히 얽힌 매듭을 풀어가며 숨 저울을 바로 잡아야 한다.

온갖 방법이 총동원되어 해결의 실마리를 찾아 덤빈다. 집과 일터, 심지어 자동차 안에도 없던 게 채워졌다. 소독용 스프레이, 손 소독제, 마스크. 평소에 생각지도 못했던 일상용품이 곁을 지킨다. 눈에 보이지도 않는 병균의 위협에 바짝 긴장한 눈치다. 요란한 것보다 드러내지 않는 게 훨씬 더 무섭다고 했던가. 바이러스의 움직임에 놀란 우리의 입장은 삶이라는 분명한 무게로 저울을 누른다.

숨 쉬는 거 자체가 인생이다. 멈춘 도시 속에서 일상을 갈망하며 거친 호흡으로 삶의 저울을 흔든다. 절망적인 순간에도 우리를 움직이게 하는 힘, 위기의 긴장감은 마스크 속에서 호흡하며 '함께'라는 힘으로 극복한다. 그저 평범한 일상이 내게 반짝반짝 빛이 났던 순간임을 깨우친다. 당연한 듯 아침을 맞이하고 마음의 무게를 헤아렸던 일상에서, 이제는 매듭을 풀어가며 요령껏 저울추를 움직여 균형을 이뤄 가고자 한다. 심장의 역동적인 몸부림, 삶의 저울이 아침을 깨운다.

같은 심정, 다른 상황

내 이야기를 하는 것만 같다. 아침부터 날선 문자가 속내를 헉헉거리는 게 하는데 라디오에서 흘러나오는 사연이 마치 나의 일을 그대로 본 듯 말하고 있다. 살다보면 이런 느낌이 쓰윽 지나가는 경우도 태반이지만 유독 짠하게 마음속에 똬리는 틀고 앉는 걸 보면 겉보기와는 달리 속내가 평화롭지 않은가 보다.

사람의 맘이 어찌 다 같을 수 있나. 이런 일이 있으면 저런 일도 있고 오해가 쌓였다가 풀리기도 하고, 마음의 상처가 깊으면 영영 남이 되는 경우도 허다하다. 세상 살아가는 이치를 모두 깨우치지 못했지만 반드시 깨우치겠다는 무리수를 두지도 않는다.

남 말 할 때는 좋았다. 아이를 키우면서 남의 자식이 말썽을 피워 속상한 이야기에 나의 일이 아니라고 마음은 안도했다. 그 상황이 심각해질수록 나는 그 흐름에 끼지 않아 다행이라 한숨을 돌리기도 했다. 아이 엄마들과의 관계가 잦아질수록 이야기가 산으로 흘러 알지 못하는 남의 집 가정사까지 파헤치는 얘깃거리를 접하고 나면 기분이 가라앉고 만다. 그 때문에 교류가 점점 줄어들었던 시기도 있었다.

친구 남편의 두둑한 경제력으로 여유 있는 일상을 들을 때면 조용히 입을 다문다. 행여 그의 곤란한 상황이 가정을 흔드는 지경에 이를 때면 그것은 반전이 되어 나를 위로하는 지렛대가 되기도 한다. 사실인지 아닌지 모르나 밤낮 아내 사랑이 제일이라는 남의 신랑은 시키는 대로 집안일을 돕고 그제야 본인 만족을 얻는다고 하질 않나. 철마다 해외여행으로 가족애를 보여주며 부러움을 주질 않나. 생일이나 기념일이면 새롭게 들고 나오는 고가의 선물이 나를 기죽이기 일쑤였다.

요즘 TV만 켜면 결혼과 이혼을 다루는 내용이 화면을 가득 채운다. 시대와 상관없이 등장하는 불륜 이야기라든가 미혼모의 사건사고는 내 일이 아니기에 덤덤이 볼 수 있는 걸까. 수많은 사람이 울고 웃으며 덤비는 일에 정작 현실의 비슷한 상황에서는 당황할 수밖에 없다. 멀쩡하게 잘나가는 집에 불어 닥친 혼란들은 얽히고설킨 가족 구성원의 온갖 고민거리로 난무하다. 그 모든 것에 감정을 얹어 토해내며 호통 치다가 슬퍼하기도 한다.

우리는 나의 상황이 아닌 것에 비교적 너그럽다. 마치 감정을 바라보며 원하는 물감의 색을 칠하듯 자유롭다. 물론 이러한 심정이 표면화되어 다른 사람에게 공유되어 버리면 온갖 다른 상황이 가시가 되어 날카롭게 논쟁이 되기도 한다. 결국 남의 일은 내 일이 될 수도 있다.

갈가마귀

글쓰기에 대한 관심이 없던 때이다. 잠시 미국에서 거주하고 있을 때, 리치몬드로 차를 몰아 에드거 앨런 포Edgar Allan Poe, 1809~1849 생가를 방문하러 갔다. 당시 버지니아주에서 기거했는데 주말이면 가까운 곳을 찾아 휴식을 취했다. 매번 새로운 곳을 찾아가고자 했던 마음이라 그날은 리치몬드로 행선지를 정하고 달렸다. 가족이 함께 방문할 곳을 살펴보던 중에 정한 곳이 에드거 엘런 포의 생가였다.

작고 낮은 이층집 목조 건물이었다. 낮은 담벼락이 집 주위를 둘러싸고 있었고 집 뒤로는 정원을 품은 테라스로 꾸며 방문자가 산책하기 좋도록 손질되어져 있었다. 크고 웅장하기보다 작고 아담한 집과 정원이라는 표현이 옳겠다. 누군가에 의해 인위적인 손길로 다듬어진 정원이라기보다 장식이나 테이블과 의자 등이 벗겨진 모습이 자연 그대로 세월의 흔적을 고스란히 안고 있다.

준비 없는 만남이었다. 당시 문학에 대한 관심이 딱히 없었을 뿐만 아니라 그의 작품을 제대로 이해하지 못한 채 그의 자취를 더듬었다. 볕이 따사롭게 내리쬐는 낮 시간에 그곳을 찾아갔지만 집 안은 좁고 어두웠다. 어둡다기보다 낮은 조명으로 그런 분위기를 만들었는지 모를 일이다. 안으로 들어가자마자 좌측으로 좁은 이층 계단이 있었다. 짙은 갈색의 나무계단은 한 명이 겨우 지나갈 폭이었기에 난간을 잡고 올랐다. 오른쪽에 거대한 갈가마귀 형상이 장식되어 있었다. 생각보다 크고 검은 색을 띠고 있었다. 흠칫했다. 이층을 오르자 바로 작가의 방이 나왔다. 작은 창과 크지 않은 방, 분명 그곳에서 외로움을 느끼고 공포와 불안감에 치를 떨며 고통 속에서 창작했을 작품이다.

계단을 내려와 입구에서 우측을 살피면 작가의 유품과 초상화가 벽에 걸린 게 눈에 띈다. 그의 생애를 짐작할 수 있게 소박한 물품이 뭔가 가슴에 찡하게 와 닿는다. 특히 그녀의 초상화에 대한 설명은 그가 아내에 대한 사랑이 얼마나 깊었는지를 짐작하게 한다. 좁은 통로에 어두운 조명과 함께 짙은 색의 원목에 둘러싸여 모든 게 부족하기만 한 일상의 단면을 보여주기에 충분했다. 긴 시간을 지난 지금도 그때의 방문은 가슴 깊이 찌릿한 통증으로 남아 있다.

작가는 깊고 또렷한 눈매와 메마른 얼굴 형상을 지녔다. 지금까지 상상만 했던 작가의 느낌과는 색다르다. 무언지 잘 모르겠지만 아픔이 전해져오고 벽에 걸린 그의 초상화와 갈가마귀의 형상에서 알 수 없는 삶의 고통이 전해져온다. 리치몬드에 위치한 그의 집을 방문한 이후로 나의 머리와 가슴은 내내 그를 생각하며 그야말로 에드가 앨런 포우에게 푹 빠져 있다. 소박한 담장, 좁은 창문이 달린 작은 방, 거대한 갈가마귀 형상, 손질되지 않은 아담한 정원, 유리진열장 안의 유품과 사랑했던 아내의 초상화, 입구에 마련되었던 기념품 등 모든 게 생생하다.

어렵고 힘들었을 그의 일생을 떠올린다. 짧고 비극적인 생에서 불안감으로 가득했을 작가는 안정적인 가족을 찾으려 했음에 분명하다. 사랑하는 이의 죽음에 대한 깊이를 작품으로 완성했다. 한국에 돌아와 십 여 년이 지난 지금, 되돌아보면 그때 그의 생가를 둘러 본 게 우연이 아닌 듯하다. 이후에 어떤 이유로든 나는 수필을 접하면서 삶을 다시 바라보며 글쓰기에 매료되었다.

하늘이 구름을 앞에 둔 날이면 그때가 생각난다. 묘한 어둠과 심적 불안과 비극적인 전개로 꽉 찬 느낌을 닮았다. 마치 글쓰기를 통해 내면의 이야기를 쏟아내며 속내를 다독이는 것과 유사하다. 필시 하늘은 잠시 해를 쉬게 하려고 구름으로 장막을 쳐 준 것일 게다.

시간 위에 길

며칠 내내 휴일이 이어지고 있다. 다들 여행을 가거나 할 일을 찾아 움직이는데 나는 무료하게 시간을 보내고 있다는 느낌을 떨칠 수가 없다. 평소의 일을 미리 좀 해두려니 정신이 흐트러지고 책을 잡으니 업무 걱정이 앞선다. 이래저래 딱히 한 것도 없이 시월의 아름다운 풍경을 집안에서 흘려버릴 태세다. 오늘만큼은 무언가 의미있는 하루를 만들어 보리라 마음을 다잡고 있지만 정작 눈만 떴을 뿐 그대로 꼼짝 않고 누워 있다.

내 몸 하나 일으키기 쉽지 않다. 잠시의 여유만 생기면 그 틈을 이용해 나태해지는 스스로를 바라보고 허탈해한다. 맘먹은 일이 무너지지 않도록 누운 몸을 일으켜 세워야 한다. 우습게도 이토록 평화로운 휴일 아침에 머릿속은 온갖 실랑이로 혼란스럽다. 정신은 깨었는데도 눈을 감은 채다. 이리저리 몸을 뒤척이는데 휴대폰 문자 알림에 겨우 눈을 뜬다. 한쪽 어깨를 바닥에 붙인 채 고개만 돌려 휴대폰을 본다. 푸른 하늘과 초록 산을 배경으로 활짝 웃으며 자신을 뽐내는 중년 여성들의 모습이 눈에 들어온다. 여행을 떠난 지인들이 단체로 사진을 올린 것이다.

이십대에는 중년이 되면 근사할 거라 생각했다. 그때는 모든 게 불분명했고 다른 친구와 비교하기 급급했던 터라 일상은 늘 불만으로 가득했다. 주위를 바꾸는데 내가 할 수 있는 건 아무것도 없었다. 시간은 흐르고 불평만 커지던 무렵, 내가 바뀌면 된다고 생각한 이후 시간 위에 나의 길을 찾기로 마음을 다잡았다. 그 시작이 분명히 무엇 때문이었는지 모르지만, 발길이 닿는 곳마다 부지런히 나를 맞추려고 애썼다. 더러 실패하기도 했지만 어찌 되었건 시간은 길을 만들어 내게 오십년을 넘게 지금을 살게 하고 있다.

길 위에서 헤맬 때면 누군가에게 도움을 청한다. 나보다 앞서 걸어간 이들의 시간을 엿보고 해답을 찾으려 한다. 쉽게 원하는 답이 나오지 않을 때면 대부분 일단 한번 걸어보라는 답이 돌아오기 일쑤다. 무엇이건 차근차근 시간을 두고 해결하면 될 일을 과정은 건너뛰고 좋은 결과만 바라는 심정이 되어버리곤 한다. 자신을 믿고 의지대로 일을 진행하면 될 일도 성급한 심정이 되어 미리 결과를 예측하고 기운을 빼는 경우도 종종 있다. 이럴 때는 나와 비슷한 길을 가는 누군가의 안내를 받으면 쉽게 해답을 찾기도 한다.

깨달음은 시간을 줄여 길을 완성하게도 한다. 온갖 생각들이 나를 지배하며 지금까지 살아온 반백년 시간이란 게 놀랍다. 휴대폰으로 전해온 사진에는 형형색색의 옷차림에 밝은 미소까지 곁들여져 그야말로 청춘을 만끽하는 듯 보인다. 환하고 당당한 모습이다. 지금 이불 속에 누운 채로 속투정만 하는 나와는 다르다. 같은 시간 속, 다른 공간에서 호흡하고 있다는 생각이 들자 창문이 열고 싶어졌다. '지금 나를 멈추게 하는 게 무엇인가.' 몸을 일으켜 창문을 연다. 베란다 너머 나뭇가지의 흔들림과 도로의 소음 그리고 건물 사이로 비치는 하늘색은 어제와 별반 다를 바 없다. 그대로다.

삶은 같은 시간 위에 펼쳐진 서로 다른 길을 걷는 것과 같다. 때로는 무엇이 옳은지 알지 못한 채 주어진 길을 걷고 또 걷는다. 생각해 보면 난 변하고 싶다는 마음이 컸다. 발걸음을 내딛는 곳마다 새로운 경험이었고, 머뭇거리는 나에게 시간은 언제나 분명한 현실을 보게 한다. 흐르는 시간 속에서 결혼을 하고 자식을 얻고 직장도 가졌다. 지난 시간을 떠올리면 그저 당연한 듯 흐른 거 같지만 그 과정은 결코 녹록지 않았다. 그 사이에 가던 길을 멈추게 될까봐 두려웠던 적도 많았다.

시간이 흐르는 만큼 두려움은 같은 크기로 커진다. 몸의 변화도 나이를 거스를 수 없다는 것을 자연스레 깨닫게 한다. 괜한 비바람에도 울컥하고 스산한 바람에도 서글퍼지는 날이면 어김없이 눈물이 흐른다. 당당했던 젊은 시절의 패기는 점점 사라지고 있지만 마음을 깨우는 잔바람은 나를 새롭게 키운다. 생각이 나를 다독이자 걷기로 한다.

집 밖의 풍경은 언제나 같은 모습으로 나를 맞이한다. 몇 달 전부터는 집 주위에 건물이 들어서면서 분위기가 달라지고 있다. 거리를 걷는데 문득 스쳐가는 주위의 모든 사물이 나와 하나 되어 함께 한다는 생각으로 번진다. 어쩌면 친구들의 여행은 화려한 색채를 품고 새로운 삶의 경험을 하는지 모른다.

그냥 산 게 아니다. 작은 것에 기뻐하거나 불편한 마음을 다독이고 살피면서 하루를 이어왔다. 누군가가 만들어 준 게 아니라 내가 만들어 온 길이다. 걸어가며 바라보는 풍경들이 정겹다. 걸음마다 생각을 눌러 흙을 밟는다. 걸어가는 길 위에 시간이 점점이 찍힌다. 눈에 보이지 않는 시간 속에서 나를 일으켜 길을 만드는 것은 결국 내가 움직이는 거다.

그때 마흔

우연히 나의 과거와 만나는 순간이다. 돌아갈 수 없지만, 지난 추억을 담은 사진은 그때를 떠올릴 수 있는 유일한 방법 중 하나다. 휴대폰을 정리하다가 십여 년 전의 얼굴 사진에 손이 멈춘다. 기억이 가물가물 하지만 그때는 생각보다 나이 들어 보이는 얼굴이라며 외면했던 기억까지 소환된다.

얼굴뿐만이 아니다. 추억의 사진 한 장으로 모든 사연이 세심하게 떠오른다. 그냥 얼굴 표정에서 나타나는 단순한 표면적인 느낌만이 아니라 나를 만든 일상의 이야기들이 새록새록 드러난다. 그때는 몰랐던 싱그러운 나의 젊음을 엿보듯 조심스레 지난 시간 속 나를 만난다. 이십대를 지나 삼십대를 맞이할 때까지 나름대로 목표를 향해 달리며 가치 있는 삶을 위해 노력했다. 그 과정에서 좌절할 때도 있었고 적당한 타협으로 다른 길을 택하는 경우도 빈번했다. 모든 게 부족했으니 삶의 고비마다 미완성으로 구겨졌던 시절이었다.

이십대에는 내 것인 게 없었다. 내 것을 만들기 위해 앞으로 돌진하는데 주저하지 않았다. 설령 장애물이 있다 하더라도 젊음은 모든 방해 요소를 막아주었다. 학생이라는 신분을 떼어내서 자유로웠고 어엿한 성인으로 인정받는 기분도 좋았다. 그때는 부모님이라는 울타리의 힘을 깊게 생각하지 못했기 때문이라 짐작한다. 당연히 마흔의 시대는 멋질 거라 확신에 찼던 청춘이었다.

막상 서른이 넘어가니 먹고 사는 일은 내 손으로 해결해야 한다는 사실이 무겁게 다가왔다. 그런 강박관념은 직업에 집착하면서 수십 번의 서류와 면접에서 탈락을 경험하게 했다. 막막한 미래와 좌절감을 맛보면서도 미래는 희망적일 거라 여겼다. 시간을 돌릴 수 없으니 후회해도 소용없지만, 지금보다 내일을 기대하며 하루를 보냈던 기억이 또렷하다. 막막하게나마 마흔이 되면 우아하게 아침을 맞고 원하는 대로 소비하고도 걱정 없는 일상을 보내게 되리라 믿고 있었다. 막연한 믿음이긴 하지만 무조건 불확실하다고 생각지도 않았다. 인내하고 희망하며 현실을 잘 버티고 있다고 스스로 채찍질하기 일쑤였다.

대부분 마흔이 되기 전에 미리 걱정을 앞세운다. 나 역시 그랬다. 서른의 마지막 해에 불안과 염려는 극에 달했다. 이대로 사십대를 맞이한다면 내 인생은 실패한 것일지 모른다는 걱정만 가득했다. 지나온 시간과 맞닥뜨리기도 전에 불안과 두려움으로 지레 앞일을 포기한 적도 있다. 마흔에 겪었던 일을 떠올리면 욕심이 앞서 서툴고 허둥대던 자신을 떠올린다.

새롭게 다가서리라 작정하고 힘을 잔뜩 불어넣었다. 아이들은 초등학생이 되어 나름대로 각자의 활동 범위를 만들었고, 나는 점차 직장 업무에 익숙해졌다. 낯설었던 사회 초년생 시절에 마음 근육을 붙이는 거라 믿으며 자신있게 행동하고자 무던히 애썼다. 문제는 나만 그런 게 아니라는 거다. 시절을 함께 겪는 모든 마흔 나이에는 비슷한 성장을 통해 경쟁하고 성과를 높이려던 마음 때문에 더욱 힘겨웠다.

중요한 발표 날 아침부터 아이는 열꽃이 올랐고, 나는 어찌 대응할지 몰라 함께 울어버렸다. 직무를 하다 보면 위의 또 위를 보며 상대적 미완성 자아에 대한 한탄을 비일비재 겪게 된다. 배우자의 모호한 언행으로 발생하는 오해와 착각은 수시로 감정을 건드려 남편과 크게 부닥치기도 한 시절이었다. 나만 흐르는 시간 속에서 비바람과 맞서고 천재지변을 경험하는 게 아니었다. 당시의 마음은 늘 자신을 억압하며 강하게 몰아갔던 기억만 남아 있다. 미래의 불안과 두려움을 해소하고 싶은 욕구 때문이라 여긴다. 어찌 되었건 지난 시간의 실천적 결과물로 마흔이 된 셈이다.

지금 생각하면 마흔을 어떻게 지내왔나 신기하다. 나 역시 불안한 현실을 품에 안고 어쩔 줄 모르던 심정이었다. 목표를 향한 도약이 있다고 하더라도 제대로 이뤄지는 게 없었다. 좌절한 순간이 있었다면 작은 성과가 기쁨을 주는 찰나도 맛보았다. 나는 여전히 다가올 다음 시기가 걱정된다. 마흔을 지나오면서 느낀 게 있다면 새롭게 이겨나갈 힘을 얻으려면 과거에 얽매이거나 미래에 대한 걱정만으로 머물 일이 아니다. 지금을 잘 받아들이고 내가 할 수 있는 것에 집중과 몰입이 필요할 때이다.

어쩌다 사십대를 맞이하지 않는다. 매사 서툴고 때론 어긋난 인간관계로 맘 졸이며 치열하게 건너온 마흔이다. 분명 일상에 젖어 무감각했지만 결국 매 순간 열심히 무언가에 집중하며 시대를 넘어온 결과다. 미리 두려워할 필요는 없다. 생각을 비추는 것은 한결같다. 지나온 시간 속에서 그때 그 시절의 삶에 맞게 충실했을 뿐이다. 서른을 지나온 그 마음처럼 불혹을 넘어 지천명을 지나 또 그 이후를 넘어갈 것이다. 그때 마흔처럼.

오늘은 어제의 미래다

누군가 부르는 소리에 잠을 깼다. 욕실에서 남편이 분명하지 않은 소리로 나를 부른다. 급히 일어나 달려가니 허리가 아파 몸을 일으킬 수 없다고 신음한다. 큰 소리 한번 낸 적 없는 남편의 상태에 놀란 건 내 쪽이었다. 그의 몸통을 두 팔로 끌어안듯이 잡고 간신히 몸을 일으켜 세웠다.

처음 있는 일이다. 일어서지도 앉지도 못한 채 바닥에 붙어 있다. 어쩌면 좋을지 난감하기만 하다. 남편은 종종 감기나 몸살을 자주 달고 있기는 해도 이렇게 힘들게 통증을 호소한 적이 없다. 생각지도 못한 소동에 나 혼자서 어떻게 해야 할지 도무지 방법을 모르겠다. 주말의 이른 아침에 뜻하지 않은 상황에 맞닥뜨렸다. 나는 아들과 함께 남편을 겨우 부축해서 응급실에 도착했다. 아픈 경위를 말하고 곧바로 응급 처치가 이어졌다.

조바심을 거두고 조용히 곁을 지켰다. 안방과 거실을 오가며 남편이 불편하지 않도록 이동을 돕고 끼니를 챙겼다. 평소보다 더 신경을 곤두세우고 지켜봤다. 아픈 사람보다 바라보는 쪽의 맘이 더 타들어 갔다. 저녁이 지나고 잠자리에 들 즈음, 남편은 조금씩 엉거주춤 움직이기 시작한다. 응급실의 긴급 처방이 큰 도움을 준 게다. 아침에 한 자리에서 얼어버렸던 모습을 떠올리면 놀라운 변화다.

생각지 못한 소동으로 남편의 긴장감을 감지한다. 표정은 굳어있고 말문을 닫았다. 저녁이 되어서야 조금씩 움직이게 되면서 말을 건넨다. 신체는 늘 탈이 나서야 보살피게 된다. 딱히 의식하지 않고서도 공기처럼 나와 함께할 것이라 여기고 그저 필요에 따라 사용하고 있던 마음을 깨우치게 하려던 걸까. 시간은 흐르고 나이가 들고 나서야 육체는 주저앉고 연약해지는 것을 깨닫는다.

그를 지켜보며 복잡한 마음이 혼란스럽게 엉킨다. 여기저기 집안을 챙기며 살펴주던 그간의 남편 모습이 떠오른다. 지금은 아무것도 할 수 없어 그저 얼어붙은 모습으로 있으니 난감하기만 하다. 이렇게 누운 채로 꼼짝 않는 그의 모습을 보니 당황스럽다. 생각해 보면 세월이 흘렀음에도 나이를 잊고 여전히 바쁜 일정을 진행하며 살다가 오늘처럼 병원 신세를 질만큼 당황했던 것은 남편뿐만이 아니었다.

나 역시 중년 여성으로서 겪게 되는 신체의 차이를 고스란히 느끼고 있다. 평소대로 침대에서 일어났는데 그 자리에 털썩 주저앉았다. 천정이 빙글빙글 돌고 다리에 힘이 풀려 일어설 수가 없었다. 어지럽다는 표현이 더 맞는 거 같지만 갑자기 이게 무슨 일인지 도무지 알 수가 없었다. 꼼짝없이 앉은 자세로 한참을 그대로 있었다. 처음 겪은 육신의 고장에 내가 할 수 있는 게 없었다. 잠시 그대로 옆으로 쓰러지듯 그 자리에 누웠다.

시간이 얼마나 지났을까. 이미 출근 시간은 지나 있었고 움직일 수 있는 상황이 아니었다. 급하게 근무지에 전화를 걸어 사정을 이야기하고 가까운 병원을 찾았다. 이석증이란다. 낯선 병명에 무엇을 해야 하는지 계속 질문을 쏟아내고 온갖 검사를 다 받았다. 망치 같은 것으로 머리를 두드리거나 눈을 가린 채 여기저기 이마와 정수리를 누른다. 이후에 운동법을 알려주며 아침, 저녁으로 매일 몸을 움직이란다. 단조로운 스트레칭과 같은 움직임이었다. 머리를 옆으로 돌리고 몸을 반대로 꼬아 열을 세고 다시 반대로 움직이길 열 번 반복하란다.

곰곰이 생각에 잠긴다. 엊저녁에 평소의 업무 분량 외에도 신경 써야 할 행사 준비와 발표 자료, 보고서까지 일이 겹치면서 상당히 예민한 상태였다. 늦게까지 신경을 곤두세워 해결하느라 머리는 아프고 잠을 도통 이룰 수가 없었다. 눈은 감았는데 생각의 회로가 계속 돌아가고 있으니 피로감이 온몸을 덮쳤다. 지난날을 돌이켜 보면 단기간에도 많은 업무를 한꺼번에 처리하는 건 그다지 어려운 일이 아니었다. 조금 불편이 될지언정 몸에 무리가 간다든지 숙면에 영향을 주는 일조차 없었다.

지금은 다르다. 언제나 미래를 꿈꾸며 살아왔던 자신이다. 시간은 흘러도 나는 그대로 일 거라 착각하며 나이는 비단 숫자일 뿐이라 독백했다. 육신이 허물어지고 여기저기 긴급 상황이 발생하고 나서야 내 나이를 직면한다. 어느덧 중년이 되어 아픈 육신이 나를 일깨운다. 우리는 늘 오늘이 미래가 되는 삶이 이어져 지금을 살고 있다. 매번 삶의 주인공은 나라고 각인시키지만 지난 시간을 돌아보면 그저 엑스트라에 불과했던 게 아닌지 씁쓸한 감을 느낄 때가 더 많다. 나의 인생길에서 단역이면 또 어떤가. 삶 그 자체가 멋지고 소중한 것임을 이제 알 만한 나이다.

아파보고 나서야 왜 이토록 바쁘게 몸을 혹사했을까 돌아본다. 어떻게 보면 모든 게 왔다 가는 법인데, 예전 같지 않은 몸과 기억력이 떨어질 때면 여전히 에너지 넘쳤던 지난날의 자신에게 매달려 있다. 문득 나는 바라던 미래 속에 살고 있는지 생각을 가다듬는다. 열정을 다했던 일이라던가 정상을 향해 매진했던 젊은 시절의 나는 찾기 어렵다. 삶을 살아온 흔적만 육신에 붙어 나를 괴롭히고 있다. 분명한 건 흔적조차 머물지 않고 계속 흐를 것이다.

오늘은 어제의 미래다. 지금 이 순간에도 왔다 가고 있다.

지나고 나면 모든 게 아쉽다

아름다움에 관한 이야기다. 꽃을 든 사람을 보면 그 사람의 마음이 전해온다. 요동치는 심장을 눈으로 볼 수 없을 진데 유일하게 그 설레는 마음을 물질로 대신 보여주는 게 바로 꽃이다. 사람을 빛나게 하는 묘한 매력, 그 모습은 세상의 온갖 변화를 받아들이고 극복한 당당함이다.

모든 걸 털고 이겨낸 상징과도 같다. 꽃이 다발로 묶여 품에 안기는 기쁨은 분명 지난 과정을 이겨낸 격려나 위로와 흡사하다. 꽃 무더기는 위를 향해 나를 바라보며 고운 모습과 향기로 특별함을 선사한다. 어쩌면 그들은 꽃다발로 사람을 감싸며 지금 이대로 충분하다고 귀띔하고 있는지 모른다.

몰입해 본 적이 있는가. 열과 성을 다한 일의 결과가 엉망으로 마무리된 후의 허전함은 구겨진 꽃을 닮았다. 마음은 전부 전하지 못해서 아쉽고 반대의 상황을 따랐으면 어땠을지 미련이 남아 애탄다. 모자란 부분을 채우지 못해서 자꾸만 지난 시간을 되돌아본다. 시든 꽃이 생기를 찾지 못할 진데 때로 집착하는 마음은 구겨진 꽃잎 속에 머문다.

삶에서 망설여졌던 경우가 떠오른다. 이십대에는 설렘을 전하지 못한 채 머뭇거리며 스쳐 지난 인연이 그렇고, 직장을 가지면서는 경험 부족으로 선택의 고민은 더 커졌다. 그것이 중요한 미래를 결정하는 일이라면 복잡한 심정은 더욱 커질 수밖에 없다. 결국 내가 선택한 이 길을 왔지만 지금 진정 만족하고 있는지 모를 일이다. 조금이라도 어려운 수수께끼에 얽힌 듯 헤매는 심정이 되면 그것은 알짜 없이 선택의 잘못으로 스스로 한탄한다. 머뭇거리다가는 꽃잎이 시들지도 모른다.

엉뚱한 생각이 스칠 때가 있다. 지금까지 살아온 시간을 시계 초침으로 보자면 도대체 몇 바퀴를 돈 걸까. '시간이 이끄는 힘은 무엇일까'란 생각이 불현듯 떠오를 때가 있다. '조금만 더'라는 용어가 머릿속을 휘몰아친다. 누군가 나에게 조금만이라도 충고해줬다면, 지혜로웠다면, 과감하게 도전했더라면, 모든 조건에 망설이지 않고 용기를 냈더라면, 끝도 없이 계속되는 후회와 자책이 스스로를 옭아맨다. 꽃의 생이 길지 않다는 것을 감안할 때 그들의 매 순간은 절실한 생존의 결과물일 것이다.

미완성 작품을 접하는 심정으로 다른 사람의 사례를 접했다. 코로나 상황에서 올림픽은 우여곡절 끝에 개최되며 온갖 사연이 난무했다. 원래대로 개최되었더라면, 지금이 아니었다면 내년에 개최되었더라면 분명 울고 웃는 엇갈린 운동선수들이 많았을 것이다. 어깨 탈골의 아픔을 이겨내고 가슴 근육으로 활을 당기는 선수, 부저가 울리지 않아서 아쉽게 점수 인정을 받지 못한 선수, 세계 1위를 자랑하던 선수들의 이른 패배 등은 모두에게 아쉬운 탄성을 울렸다. 어디 이뿐이겠는가. 지난 시간에 대한 안타까운 이야기는 끝도 없이 이어졌다. 분명 일생 한번 뿐일 수 있는 도전은 그 자체가 아름다웠음을 시간이 지나야 깨닫게 될 것이다.

시간은 기어이 나에게도 흔적을 남겼다. 삶의 '아름다움'을 떠올리게 된 계기는 얼굴에 거뭇한 얼룩점이 번지면서부터다. 처음에는 보는 사람마다 얼굴이 안되어 보인다고 말을 건넸다. 한두 명도 아니고 많은 사람이 걱정할 즈음, 큰 맘 먹고 병원을 찾아 건강 검진을 받았다. 커다란 혹 덩어리 두 개가 속을 누르고 있었다. 건강은 살피지 않고 일에 빠져 생긴 일이니 조심하라는 타박도 실컷 들었다. 퇴원 후 붓기는 잘 빠지지도 않고 몸이 원래대로 회복되는 게 더디었다. 주위에서 편히 쉬라고 얘기했지만 이것저것 생각하면 마음은 불편할 뿐이다. 못마땅한 흔적은 나에게 삶의 속도를 알려주고 아름다움을 느끼라는 신호였음을 지나고서야 이제야 깨닫는다. 아쉽기만 하다.

무엇이건 결과의 좋고 나쁨을 떠나서 지나고 나면 마음에 아쉬움이 남는다. 늘 꼬리표처럼 따라 붙어 고민하면서도 계절은 내 곁을 스쳐 열두 달을 지나며 다시 한 해를 넘긴다. 지나가면 그만일 진데 기억의 올가미는 과거에 머물러 옥죈다. 풀어버려야 한다고 안간힘을 쓰는데 삶은 신기할 정도로 곧장 직진한다. 이런 심정을 아는지 모르는지 내면의 희노애락은 그저 지나갈 뿐, 우리는 그 순간을 잡지 못한다.

아름답다. 꽃잎이 지는 모습도 더없이 곱다. 천지를 덮은 오색과 향기는 존재 자체의 아름다움을 모두에게 알리고 있다. 바람이 꽃잎을 떨구는 이유는 무엇일까. 한 송이 꽃을 피우기 위해 그 과정을 모두 지켜봤을 터인데 덤덤하게 모든 걸 내려놓고 다시 자연으로 돌아간다. 꽃잎은 지기 전에 푸르름을 지속하지 못해 애처롭고, 화려한 단풍은 세찬 바람에 가지를 흔들고 잎을 떼어내어 안타깝다. 시간이 좀 더 많았다면 모든 게 달라졌을까. 흩날리는 꽃잎을 바라보며 오늘도 결과와 상관없이 스쳐간 시간을 더듬는다.

살아있는 모든 순간이 아름답다. 아쉬운 결과도 안타까운 결정도 못마땅한 흔적도 어긋난 시간도 내 삶의 일부다. 나는 이대로 충분히 빛나고 있는 존재임을. 모든 것은 나를 위해 일어난 것이었음을. 모두 지나고 나서야 안다. 꽃이 지고 나면 아쉽기만 하듯이 살면서 잠시 잠깐의 희열을 느끼는 성과도 시간이 흐르면 그저 아쉽기만 하다.

그리다 만 그림

정영배

살림살이를 옮기던 날이었다. 이십여 년 간 대학에서 학생을 가르치던 일을 접었다. 젊은 시절, 대학에서 창의적인 연구를 추구하며 미래 사회를 이끌고자 희망하며 찬란한 일상을 보냈다. 영원할 거라 꿈꿨지만 지금은 사정이 많이 달라졌다.

그동안 가족과 떨어져 지내다가 살림을 옮기려니 만만치 않다. 무엇보다 책이 산더미처럼 쌓여 있다. 그 와중에 그림 한 점이 미완성 액자로 남아 눈에 띈다. 이년 넘게 방구석 한쪽 벽에 누여져 있었는데 새로 옮겨 온 가족 공간에서도 저만치 덩그렇게 놓여 있다. 문득 미완성의 모습이 나를 닮았다는 생각에 닿는다.

'나는 이 세상에서 하나뿐인 존재다.'라는 생각으로 살아간다. 때로 일상에서의 '나만 이토록 힘겹게 지내는가.'하는 생각에 빠지기도 한다. 오롯이 내가 주인공인 시간을 갖고 싶다. 어쩌면 그것은 자연스러운 생각일진대 그 중의 하나가 그림을 그려보는 것이었다. 아내는 시작하면 된다고 나에게 격려와 동기를 주지만, 그림의 결과물은 미완성으로 덩그렇게 구석에 놓여 있다. 그림 액자가 바로 그것이다.

누구든 인생은 원하는 대로 살아가고자 한다. 외부의 영향을 받지 않고 내가 진정으로 원하는 것을 추구하며 살고 싶다. 나 자신을 이해하고 감정과 생각을 솔직하게 표현할 수 있는 사람이 되고 싶은 게다. 모든 게 완벽하지 않기에 종종 내가 원하는 것과 다른 방향으로 나아가기도 하고 실수하기도 한다. 그런 과정에서 나를 더욱 강하고 성숙하게 만든다고 믿는다.

아내는 글쓰기 공부와 사회 활동에 열의를 다한다. 무척 훌륭하다고 느끼지만, 간간이 글쓰기나 여러 활동 때문에 종종 나와 함께하는 시간이 어긋나면 괜스레 퉁명스럽고 외로움이 짙어지는 날도 적잖다. 그러면서도 아내의 삶에 대한 열정과 자신을 가꿔가는 모습에 응원과 박수를 보낸다.

'나는 늘 운이 좋다. 항상 운이 좋은 사람이다.'라는 글귀를 좋아한다. 그냥 하는 말이 아니다. 뭐 뚜렷하게 믿는 구석이 있는 것은 아니지만 운이 좋은 사람이라는 자신의 주문과도 같이 믿으며 살고 있다. 살아가면서 지식을 추구하고 삶의 가치와 의미를 깊이 생각하고자 한다. 삶 자체가 얼마나 놀라운 것인지 깨닫고 그것을 존중하며 감사하고 싶다.

지금 나는 그림 그리기에 호기심이 크다. 존재와 비존재! 삶은 존재의 이유를 찾기 위한 끊임없는 여정이며 다른 사람들에게 긍정의 향기를 남기고 싶을 뿐이다. 나는 어떠한가. 나는 자신을 사랑하고 감사한다. 삶에서 중요한 것이 무엇인지 비존재와의 느슨한 관계를 아는 것보다 나은 선택이길 기대한다.

저만큼 덩그렇게 놓여 있는 그리다가 만 그림 액자가 날 응시한다. 더욱이 거실 한쪽 벽에 쌓아 놓은 책 꾸러미도 날 노려보곤 한다. 아직 진행 중이다. 붓을 들고 색을 칠하면서 존재의 마음을 이어간다. 아무 생각 없이 주어진 모든 것에 물처럼 최선을 다했듯이 나만의 붓으로 그린다.

청강清江 **정영배**

(Japan) The University of Tokyo, Ph. D.

전 삼성물산 건설부문 기술연구소 선임연구원

전 한국국제대학교 건축학과 교수

현 창원시청 공무원

cnklab@daum.net

얼굴무늬

1판1쇄 2023년 7월 25일

저자 김미옥
발행인 이경화

발행처 디자인21
주소 04560 서울특별시 중구 퇴계로 293-1 3층
전화 02-2269-6561(대)
팩스 02-2269-6568
e-mail 21publish@naver.com

등록번호 제1-1128호
등록일자 1991.2.12

ISBN 978-89-6131-116-8 03320

정가 15,000원

https://21publish.co.kr
https://blog.naver.com/publish21